Die Heimat in Scherben – Eine RZ-Dokumentation von Willi K. Michels

Die Heimat in Scherben

Kriegsende an Rhein und Mosel 1945

**Eine RZ-Dokumentation
von Willi K. Michels**

Impressum

Kleine **RZ** Bücherei „Die Heimat in Scherben"
© 1985 by Mittelrhein-Verlag GmbH
August-Horch-Straße 28, 5400 Koblenz 1
Nachdruck, auch auszugsweise, nur mit Genehmigung des Verlages.
Alle Rechte beim Verlag.
Autor: Willi K. Michels
Fotos, Karten und Zeichnungen: US-Armee, Amerika-Dienst, Wolfgang Trees, Hürtgen-
wald, die Kreisverwaltungen Ahrweiler (Goertz), und
Bernkastel-Wittlich, die Stadtarchive von Andernach,
Mayen, Neuwied, Bad Ems und Remagen, das Presse-
und Informationsamt der Stadt Koblenz, - K. Oster, die
Archive von Richard Walter, Bad Kreuznach, Jakob Wei-
ler, Bad Hönningen, Bernd Gemein, Remagen-Kripp,
Heribert Appelhans, Cochem, Gerhard Heil, Bad Ems,
Schiffermuseum Kamp, Willi K. Michels.

Privatfotos: Eugenie Friesenhahn, Koblenz, Heinz Lind-
ner, Koblenz, Dieter Kubitza, Pfaffenheck, Sepp Leiß,
Plaidt, Peter Jakobs, Simmern, Heinrich Esch, Nürburg,
Karl Rudolf Hornberger, Bad Kreuznach.

Layout: Friedrich Eger
Lithos: Druckhaus Koblenz
Herstellung: Druckerei Hachenburg GmbH
ISBN 3-925180-00-1

Inhaltsverzeichnis

Zum Geleit

Wenn wir heute bei aller Selbstbescheidung mit Genugtuung feststellen können, daß sich der Regierungsbezirk Koblenz zu einer vielschichtigen Region entwickelt hat, in der fast eineinhalb Millionen Menschen leben und arbeiten, so ist es schwer vorstellbar, daß über diese mittelrheinische Landschaft vor vier Jahrzehnten das Inferno eines schrecklichen Krieges hinweggegangen ist.

Die Erinnerung an den Krieg und die ersten schweren Nachkriegsjahre wird von den Älteren verständlicherweise nur zu gerne verdrängt. Die Narben des Krieges sind längst verheilt und die jüngeren Mitbürger sind gottlob in einem von Not und Zerstörung freien Vaterland aufgewachsen.

Gerade deshalb erscheint es aber notwendig, die jüngere deutsche Geschichte erfahrbar zu machen, um aus ihr für eine bessere Zukunft zu lernen. Und was kann glaubhafter sein, als die lebendige Schilderung des Geschehens durch Zeitzeugen, als die Aussage von Mitbürgern, die das Grauen des Krieges in der Heimat miterlebt haben.

Willi K. Michels hat sich dieser sicherlich nicht einfachen Aufgabe mit Erfahrung und anerkennenswertem Engagement angenommen und mit journalistischem Spürsinn Material für eine umfangreiche Dokumentation zusammengetragen, die in der Bundesrepublik bislang einmalig ist.

„Die Heimat in Scherben" ist kein zufällig gewählter Titel, es ist vielmehr Inhalt und Aussage einer zeitgeschichtlichen Dokumentation von hohem Wert.
Mit sachlicher Nüchternheit, aber auch mit ebenso viel Liebe des gebürtigen Koblenzers zu seiner mittelrheinischen Heimat hat der Autor Willi K. Michels das wohl dunkelste Kapitel in der über 150jährigen Geschichte des Regierungsbezirkes Koblenz in Wort und Bild nachgezeichnet.

Heinz Korbach

(Heinz Korbach)
Regierungspräsident

Es zittern die morschen Knochen
der Welt vor dem großen Krieg,
wir haben den Schrecken gebrochen,
für uns war's ein großer Sieg!
Wir werden weiter marschieren,
wenn alles in Scherben fällt,
denn heute (ge)hört uns Deutschland
und morgen die ganze Welt!

Wer erinnert sich als älterer Bürger nicht der Worte dieses Kampfliedes der Hitlerjugend, das viele heute Fünfzig- und Sechzigjährige im Dritten Reich in den Marschkolonnen der Staatsjugend sangen? Was wußte die Jugend 1939 vom Krieg? Man erklärte schon dem Jungvolk, daß es süß sei, fürs Vaterland zu sterben. „Macht nichts, wenn auch alles in Scherben fällt."

Dann kam dieser Krieg. Die halbe Welt stand in Flammen. Die jugendlichen Sänger von einst fielen und liegen zu Millionen in Massengräbern. „Wie das Gesetz es befahl!" Die Übriggebliebenen aus jener Generation haben den Kelch des Unglücks meist bis zur bitteren Neige trinken müssen. Sie wissen was Krieg heißt. Der Jugend des Jahres 1985 möchten sie Warner und Mahner sein.

Dazu bietet sich ein Jubiläum an, wobei der Begriff Jubiläum nicht etwa als Jubelfeier verstanden werden kann, sondern als eine Erinnerung an die furchtbarsten Monate, die Deutschland seit dem Dreißigjährigen Krieg durchgemacht hat. In diesen Wochen sind es genau vierzig Jahre her, daß das Land zwischen Westwall und Rhein zu weiten Teilen in Schutt und Asche versank. Die deutsche Wehrmacht ging in den letzten, großen Stahlgewittern eines erbarmungslosen Kampfes unter. Bomben und Granaten brachen den Alliierten auf ihrem Vormarsch ins deutsche Reichsgebiet Bahn. Millionen verloren ihre letzte Habe und flüchteten. Hunderttausende Soldaten, müde, abge- kämpft und ausgezehrt, mußten den Weg in die Gefangenenlager antreten. Der Tod hielt Ernte.

100 Tage und kein Ende

Für die Menschen im Land an Mosel, Rhein, Ahr und Nahe, in Eifel, Hunsrück, Westerwald und Taunus schienen die letzten hundert Tage des Zweiten Weltkrieges, von Mitte Dezember 1944 bis Mitte März 1945, kein Ende zu nehmen. Angst, Hunger, dazu einer der kältesten Winter seit Jahren, regierten die Stunde.

Nach heißen, erbitterten Kämpfen an der Invasionsfront und dem übrigen Frankreich standen die Amerikaner, Engländer, Kanadier, unterstützt von Freiwilligenverbänden der Franzosen und Polen an der deutschen Westgrenze. Am 11. September begann das erste Ringen um den Westwall und Teile der Nordeifel. Die nächsten Wochen brachten die schweren Kämpfe im Hürtgenwald und bei Vossenack. Die Amerikaner erlitten hier die höchsten Verluste des Zweiten Weltkrieges und mehr als später in Vietnam.

Der in Koblenz geborene und heute im deutsch-belgischen Grenzgebiet wohnende Journalist und Schriftsteller Wolfgang Trees schrieb, zusammen mit dem Engländer Charles Whiting (Jahrgang 1926) in dem Buch „Die Amis sind da", Triangel-Verlag, Aachen, über jene Tage u.a.:

An der Siegfriedlinie

Genau um 18.05 Uhr am 11. September 1944 watet Oberfeldwebel Warner W. Holzinger von einer Erkundungseinheit der 85. Kavallerieschwadron

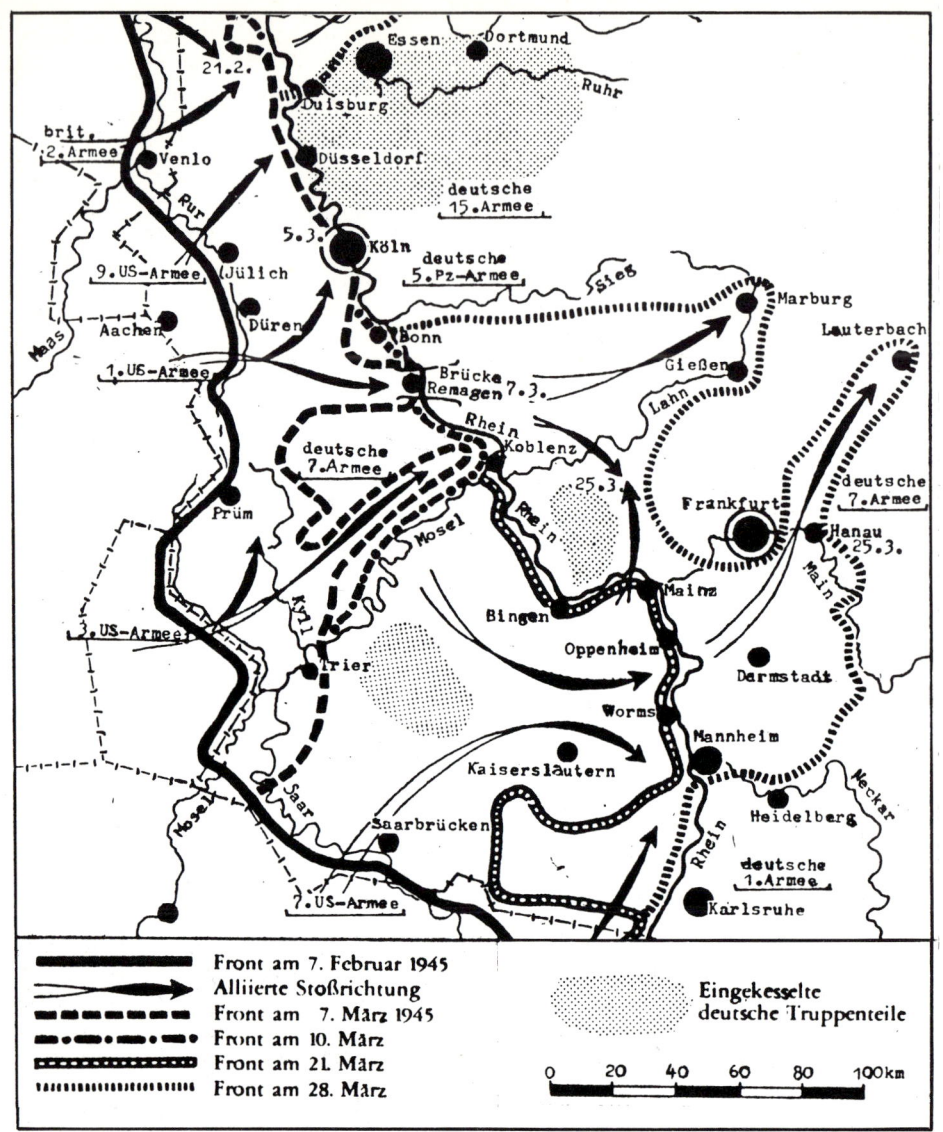

▬▬▬▬▬	Front am 7. Februar 1945
▬▶	Alliierte Stoßrichtung
▬ ▬ ▬ ▬	Front am 7. März 1945
▬·▬·▬·▬·	Front am 10. März
∶∶∶∶∶∶∶∶∶	Front am 21. März
ⅠⅠⅠⅠⅠⅠⅠ	Front am 28. März

Eingekesselte
deutsche Truppenteile

der 5. US-Panzerdivision durch den Grenzfluß der Our bei Stolzenburg. Ihm folgt ein kleiner Spähtrupp, und so wird er von seinen Kameraden der allererste feindliche Soldat, der in diesem Krieg kämpfend deutschen Boden betritt. Während der ganzen Nacht und in den folgenden Tagen schwappt es wie eine olivfarbene Welle über die Grenzen Luxemburgs, Belgiens und der Niederlande hinein ins Dritte Reich: der triumphierende Vormarsch der 1. amerikanischen Armee unter General Hodges, der eine halbe Million Soldaten befehligt.

Mit dieser Höckerlinie am Westwall sollten die alliierten Panzer aufgehalten werden. Hitlers Westwall stellte sich 1944/45 als großer Bluff heraus.

In einem seiner Hauptquartiere ist der „Führer" Hitler, hier schon körperlich und geistig stark angeschlagen, bei der Vorbereitung seiner letzten Offensiven in Ost und West zu sehen. Unser Bild zeigt - laut Dr. Dieter Zinke - eine sog. „Schaulage" Anfang 1944 auf Schloß Klessheim bei Salzburg. Mit dabei u. a. Außenminister von Ribbentrop (lks.), Reichsmarschall Göring (hinter Hitler) und Generalfeldmarschall Keitel (oben rechts). Dritter v. re.: Generaloberst Jodl.

Hemingway in der Eifel

Auch der stämmige und bärtige Ernest Hemingway - später wird er noch amerikanischer Nobelpreisträger werden, jetzt aber ist er als Kriegsbericht erstatter bei der 4. amerikanischen Infanteriedivision - ist am Dienstag, dem 12. September 1944 bei einem solchen Aufklärungs-Stoßtrupp des 22. Regiments der 4. Division dabei. Viele Jahre danach erinnert er sich, wie er ein deutsches Kettenfahrzeug „wie ein Tier aus dem Wald stürzen" sieht, als sein Trupp sich Hemmeres nähert, südöstlich von Sankt Vith. Aber das Fahrzeug der Deutschen stoppt den US-Vormarsch nicht. „Und dann plötzlich", so schreibt Hemingway, „liegt dort vor uns Deutschland!" Hinter einem Heuschober hervorlugend, beobachtet „Papa Hemingway" (so wird er wegen seines weißen Bartes bereits damals von seinen Kameraden genannt), wie die amerikanische Artillerie der Infanterie den Weg freischießt.

US-Kriegsberichter: Ernest Hemingway.

Dann, etwa gegen 17.30 Uhr, gehen sie durch eine Furt und halten erneut an, um zuzuschauen, wie die ersten amerikanischen Panzer auf deutschen Boden fahren. Wenig später marschiert Hemingway durch den Ort. Frauen und Männer, so notiert er sich, kommen ihnen entgegen, haben Schnapsflaschen in den Händen und nehmen hier und da selbst einen Schluck, um ihnen zu zeigen, daß nichts vergiftet ist. Andere Dorfbewohner halten zum Zeichen der Übergabe Hände und Arme über den Kopf. „Alle Häuser verlassen", notiert Hemingway. Aber in einem findet er dann doch die noch warmen Essensreste deutscher Offiziere.

Da bekommt er auch Appetit. Er läßt einen Bauernhof beschlagnahmen, schießt ein paar Hühner, befiehlt einer deutschen Bewohnerin, das Fleisch zu kochen und lädt Oberst Lanham und seinen Stab, den Kommandeur des 22. Infanterieregiments, zum Essen ein. Für Lanham, der wenig später genau in dieser Gegend bei blutigen Gefechten ein Drittel der Männer seines Regimentes verlieren wird, scheint dieses Abendessen das Schönste des bisherigen Krieges überhaupt zu sein. Hemingway schreibt später über diesen Abend auf dem deutschen Bauernhof in der Eifel: „Das Essen war ausgezeichnet, der Wein wundervoll, die Kameradschaft eng und warm. Wir waren so trunken vom Sieg wie vom Wein, und keiner dachte an den Westwall, gegen den wir innerhalb der nächsten 48 Stunden anzurennen hätten!" Sie lachen und trinken, erzählen sich die tollsten Geschichten, und Hemingway kam sich vor „wie Kriegsgott Mars persönlich im Kreis vergnügter Halbgötter"...

12

Fassungslos und völlig niedergeschlagen wird dieser junge deutsche Soldat, fast noch ein Kind, in der Nordeifel in Gefangenschaft geführt. Der Weg ins Lager ging über die zerfetzt am Boden liegende Hakenkreuzflagge.

Am Westwall

So stehen die westlichen Alliierten dann am gefürchteten Westwall, den sie die „Siegfriedlinie" nennen und von dem die britischen Tommies noch 1939 gesungen haben, daß sie „dort ihre Wäsche zum Trocknen aufhängen" würden. Aber davon ist nichts mehr übrig geblieben. In diesem September 1944 liegt die deutsche Verteidigungslinie von der Schweiz bis zu den Niederlanden wie eine harte Nuß vor ihnen, die erst noch geknackt werden muß!

Nicht nur Lanham hat schwere Verluste. Auch die Regimenter der 1. amerikanischen Infanteriedivision („The Big Red One") und der 30. amerikanischen Infanteriedivision („Roosevelts Butchers", wie sie sich stolz nennen), müssen großen Blutzoll zahlen, als sie versuchen, die gutgesicherte Bunkerlinie zu durchbrechen. Es war dann in diesem Ardennen-Eifel-Abschnitt zu einer Atempause für Freund und Feind gekommen. Trees führte weiter aus: Die 80.000 Amerikaner selbst glauben, daß sie es an der Ardennen- und Eifelfront relativ gut haben, wo doch die Chance auf einen Treffer gering ist und eine Atmosphäre herrscht, die einer der Soldaten in einem Brief nach Hause als „Mischung zwischen Kindergarten und Altenheim" bezeichnet.

Für die US-Soldaten der Eifelfront gab es Urlaub nach Brüssel und Paris. Nach dem 15. Dezember warteten sie in der Seinemetropole vergeblich auf ihr Idol, den berühmten amerikanischen Jazzmusiker und Komponisten Glenn Miller. Er war an jenem Tag bei einem Flugzeugabsturz ums Leben gekommen. Glenn Miller, Schöpfer des neuen Swing-Stils, ist auch heute noch unvergessen.

Die Ruhe an der Front war trügerisch. Völlig überraschend brach der große Donnerschlag los:

Ardennen-Offensive

Am 16. Dezember startete Hitler die Ardennenoffensive, mit der er glaubte, das Kriegsglück noch einmal wenden zu können. In jenen Tagen und Nächten rollten deutsche Truppenverbände über die Straßen und durch die Wälder gen Bitburg, Prüm, Monschau, St. Vith, Eupen, Malmedy in Richtung Bastogne und Namur. Ziele sollten Brüssel und der unter dem Hagel der V-Bomben (Fliegende Bomben V 1 und Raketen V 2) liegende belgische Großhafen Antwerpen sein. Die Operation Rundstedts erwies sich schon bald als Fehlschlag. Die amerikanischen Divisionen hatten nach kurzer Zeit, allerdings unter großen Opfern, den Westwall wieder erreicht. Sie verzeichneten 55.600 Tote und Verwundete. Deutsche Verluste: Über 100.000 Tote und Verwundete. Viele Gefangene auf beiden Seiten.

Von den Deutschen waren etwa 300.000 Mann eingesetzt: Die 6. SS-Pz-Armee unter Sepp Dietrich, die 5. Pz-Armee unter Hasso von Manteuffel und die 7. Armee unter Brandenberger (von Nord nach Süd). Sie unterstanden Feldmarschall Model, Befehlshaber der Heeresgruppe B.

Model beging im April '45 im Ruhrkessel Selbstmord. Seine Gebeine ruhen auf dem Soldatenfriedhof in Vossenack/Eifel.

Oberbefehlshaber West war Rundstedt. Auf Seiten des Gegners standen zwischen Aachen und Luxemburg: Die 1. US-Armee unter Hodges, die 3. US-Armee unter Patton und die 9. US-Armee unter Simpsons. Chef der zuständigen Heeresgruppe 12: Bradley.

Zum ersten Mal im Kriege wurde von Waffen-SS-Verbänden jetzt im Dezember 1944 eine Armee eingesetzt, eben die 6. Panzer-Armee. Einer der das

Trotz harter Gegenwehr durch deutsche Truppen zogen die Amerikaner, oft an vielen eigenen zerstörten Fahrzeugen vorbei, unbeirrt durch die Eifel Richtung Rhein.

In den ersten Wochen des Jahres 1945 herrschte besonders links des Rheins das Chaos. US-Panzergrenadiere der 9. Inf.-Division, die auch Remagen eroberte, hier beim Vormarsch durch zerstörte Eifeldörfer.

Phänomen Waffen-SS aus der Sicht eines Ausländers beleuchtete, ist der britische Militärhistoriker John Keegan. Er schrieb u.a., daß es in den letzten Kriegsmonaten rund vierzig Waffen-SS-Divisionen mit etwa einer Million Soldaten gab. In ihren Verbänden waren Angehörige von fünfzehn verschiedenen Nationalitäten vertreten. Bei Kriegsende rekrutierte sich über die Hälfte der SS-Truppen aus Ausländern. Siebzig bis achtzig Prozent des deutschen Mannschaftsbedarfs der Waffen-SS-Divisionen (schon seit Stalingrad) wurden gedeckt durch Einberufungen aus den zur Ableistung des Militärdienstes aufgerufenen Jahrgängen (J. Keegan).

Selbst jetzt, vierzig Jahre später, ist die Waffen-SS immer noch weltweit ein Diskussionsthema mit konträrsten Eckdaten: Vom Nürnberger Tribunal wurde die SS-Gesamtorganisation incl. Gestapo (geheime Staatspolizei) und SD (Sicherheitsdienst) wegen Verbrechen gegen die Menschlichkeit als verbrecherische Organisation verurteilt. Später, 1984, wird (laut Süddeutscher Zeitung) der ehemalige General der Waffen-SS, Heinz Harmel, zum Zeichen der deutsch-französischen Versöhnung mit einer Medaille der Stadt Bayeux in der Normandie ausgezeichnet. Das wirbelte Staub auf. Wie der 2. Bürgermeister von Bayeux erkärte, will die Stadt, 1944 Schauplatz schwerer Kämpfe während der Invasion, damit ihren Willen zur Wiederversöhnung und zum Frieden zeigen. Der 76 Jahre alte Harmel hatte während der Normandie-Schlacht die 10. SS-Panzerdivision „Frundsberg" geführt.

Zurück zum Dezember 1944: Die Ardennen-Kämpfe waren nicht nur die letzte große Offensiv-Anstrengung der Waffen-SS, sondern der deutschen Wehrmacht insgesamt.

Größte Einzelschlacht

Harte Tage kamen für die Amerikaner in den Ardennen, bei St. Vith und Bastogne. Es war die größte Einzelschlacht, die die US-Truppen je geschlagen und teuer bezahlt haben. Zum Schluß hatte Eisenhower seinen Erfolg, jener Dwight D. Eisenhower, von dem gesagt wird, daß seine Vorfahren einst aus dem Hunsrück-Nahegebiet nach Nordamerika ausgewandert sein sollen. Eisenhauers gibt es heute noch an der Nahe.

Die Wende zugunsten der Amerikaner kam Stunden vor dem Weihnachtsfest 1944, als die US-Luftwaffe eingreifen konnte. „Herrliches Wetter, um die Germans töten zu können", soll Patton ausgerufen haben (laut Raymond Cartier).

Nach einer Atempause ging es dann mit einer Macht an Panzern, Artillerie und Luftwaffe ohnegleichen hinein ins deutsche Land. Die übergroße Fülle an Material machte jede Gegenwehr der deutschen Soldaten zu einer Farce. Trotzdem wurde allenthalben - oft sinnlosen Befehlen gehorchend - Widerstand geleistet. Einst blühende Städte und Dörfer wurden zu Frontgebieten. Und mitten drin die Menschen, Soldaten, Männer, Frauen, Kinder, Greise. Alle lechzten nach Ruhe und Frieden. Aber der kam noch lange nicht. Zwar schwiegen Ende März am Mittelrhein die Waffen, aber das Hungern und Sterben ging noch weiter in der Zeit der kurzen amerikanischen und langen französischen Besatzung.

Die Völker Europas bestatteten ihre Toten. Über 55 Millionen Menschen kamen im Zweiten Weltkrieg um, 35 Millionen Kriegsversehrte blieben zurück. Und wer spricht von den Witwen und

Waisen? Unter uns leben auch noch die der Toten von 1914/18!

Heute, nahezu ein halbes Jahrhundert später, sind die materiellen Folgen des Krieges fast überwunden. Ruinen sind so gut wie verschwunden und allenthalben neuen Häusern gewichen. Die Jugend ist herangewachsen. Wer heute fünfundvierzig Jahre und jünger ist, hat diesen Krieg nicht mehr wissentlich erlebt. Schon sind jetzt bei Diskussionen Stimmen zu hören, die meinen, daß nach wie vor ein Krieg wieder machbar sei.

Europa voller Gräber

All diese geistig Fehlgeleiteten möge man zu den Gräbern und Ehrenfriedhöfen der Gefallenen führen, man möge ihnen die Bücher und Aufstellungen des Volksbund Deutsche Kriegsgräberfürsorge zur Hand geben, um sie eines Besseren zu belehren.

Europa in Ost und West, Nord und Süd ist voller Gräber. Der Volksbund betreut über 1,4 Millionen deutsche Kriegsgräber in 80 Ländern. Er selbst hat 360 Gräberstätten für die Opfer des Krieges und der Gewalt geschaffen. In Frankreich gibt es 766.000 Gräber von gefallenen Deutschen des Ersten Weltkriegs und 235.000 aus den Jahren 1940/45. Kinder, Mütter, Väter und Frauen fahren heute zu den kleinen und großen Gräberfeldern. Jugendgruppen pflegen sie. Hier stehen Namen für viele: Niederbronn im Elsaß: 15.386 Tote, Sandweiler in Luxemburg: 10.885 tote Deutsche, Lommel, westlich Aachen: 38.962 Gefallene, Ysselstein, westlich Venlo: 31.511 Tote, Recogne-Bastogne, Belgien: 6.785 Tote, Andilly, nördl. Toul: 33.042 tote deutsche Soldaten.
Bei den wochenlangen Kämpfen im Hürtgenwald und bei Vossenack fielen,

wie uns der damalige Oberleutnant und Kompanieführer Bernd Märzheuser aus Gebhardshain, Westerwald, mitteilt, laut Buch von Charles Mc Donald 68.000 Soldaten (35.000 Amerikaner, 33.000 Deutsche). Auf den Soldatenfriedhöfen Hürtgenwald und Vossenack ruhen 8.000 Deutsche Soldaten.

In Rheinland-Pfalz ruhen 58.767 Deutsche als Kriegstote auf 860 Friedhöfen. Allein im Regierungsbezirk Koblenz sind auf 416 Grabfeldern 19.684 Tote bestattet, darunter 3.100 Bombenopfer und 1.271 Ausländer. In Sinzig-Bad Bodendorf ruhen 1.244 Soldaten. Sie kamen im März 1945 bei den Kämpfen an der Remagener Brücke ums Leben oder verhungerten wenig später in dem riesigen Kriegsgefangenenlager Sinzig. Ähnliches kann man auch vom Lager Bretzenheim an der Nahe, unweit von Bad Kreuznach, berichten.

Kriegs-gefangenenlager

Hierüber schrieb Redakteur Richard Walter: Im März/April 1945 legten die amerikanischen Streitkräfte zwischen Bretzenheim, Winzenheim und Bad Kreuznach ein großes Kriegsgefangenenlager an, in das ab 27. April 1945 Hunderttausende deutsche, aber auch ungarische und italienische Soldaten gebracht wurden. Höchste Belegungszahl: 205.000 Gefangene. In den ersten Monaten kamen mehrere tausend Deutsche ums Leben. Im Juli 1945 wurde das Lager von der französischen Armee übernommen. Im Dezember 1948 erst wurde es aufgelöst. Am Fuß des Galgenberges bei Bad Kreuznach gab es ein zweites Lager mit 75.000 Soldaten. Auch die hier durch unmenschliche Unterbringungs- und Verpflegungsverhältnisse umgekommenen Kriegsgefangenen wurden vorübergehend am

Galgenberg und bei Stromberg, später mit den Toten von Bretzenheim im neu errichteten Ehrenfriedhof Lohrer Wald zur Ruhe gebettet. Nach dem Kriege wurde bei Bretzenheim ein Mahnmal zur Erinnerung an die Toten errichtet.

Angst vor dem Krieg

Hat es noch einen Zweck, 1985 über jene tragische Zeit nachzudenken? Man möchte ein Ja dazu sagen, ein forderndes Ja, das zum Rückblick drängt. Vielleicht erinnert sich in diesem Zusammenhang dann mancher an den Ausspruch von Albert Camus: „Es ehrt unsere Zeit, daß sie genügend Mut aufbringt, Angst vor dem Krieg zu haben."

Not und Tod

Augenzeugenberichte von 1944/45 haben heutzutage dokumentarischen Wert. Nicht mehr und nicht weniger. Wenn aus vielen Zeilen Schikanen, Drangsalierungen, Verfolgungen durch die Angehörigen der Siegermächte sprechen, so wird man diese Schilderungen jetzt, vierzig Jahre später, kaum mehr als Aufhetzung zum Haß ansehen. Es sollte immer wieder bedacht werden, daß Bürgern anderer Völker Europas von den Deutschen ähnliches an Schmach, Unbill, Not und Tod zugefügt wurde.

Vor allem eins soll diese Dokumentation bewirken, die Erkenntnis wecken, daß sich Kriege nie auszahlen, daß sie sinnlos sind, wahnwitzig.

Ob sich die Europäer das zu Herzen genommen haben? Seit vierzig Jahren gibt es keinen Krieg mehr in ihren Zonen.

Mögliche Aggressoren scheuen einen Angriff, weil friedliebende Völker durchweg bereit sind, sich zu verteidigen.

Über Gräber hinweg haben sich, der Vernunft gehorchend, Feinde von einst die Hände gegeben. Freundschaft entstand, Partnerschaft, Zusammenarbeit auf vielen Gebieten.

Dieses Gefühl einer friedlich zusammenlebenden Völkerfamilie - in der bei kaum ausbleibenden Auseinandersetzungen nicht etwa die Gewalt der Waffen, sondern das Wort am Verhandlungstisch entscheidet, sollte uns alle zufrieden machen. Noch mehr als bisher muß Toleranz die Völker beflügeln. Dieses Wissen ergibt sich aus den bitteren Erfahrungen des letzten Krieges. Sie dürfen nicht vergessen werden.

Grausame Erinnerung

Nüchtern, hart und klar sollen deshalb hier die Tatsachen noch einmal ins Rampenlicht gestellt werden, jene Tage, Wochen, Monate, als die Furie des Krieges über das rheinische Land zog. In denjenigen, die das miterlebten, wird es eine grausame Erinnerung, der jüngeren Generation mag es Hinweis sein, den Frieden als kostbarstes Gut zu bewahren. Allerdings muß dies ein Frieden in Freiheit sein, denn ein Leben in Sklaverei und unter dem Zepter von Diktatoren kann genau so vernichtend sein wie der Krieg. Nicht umsonst arbeitet deshalb eine katholische Soldatenvereinigung der westeuropäischen Staaten jetzt unter dem Motto: Willst du den Frieden - verteidige das Leben.

Vor der Katastrophe

„Die letzten Monate vor der 1945er Katastrophe, in denen jeder vor der bangen Frage stand: „Was nun?", haben sich in die Erinnerung all jener, die das miterlebten, selbst derer, die erst jetzt die Augen öffneten, öffnen mußten, eingeprägt. Den Nachkommen erzählt, von Mund zu Mund weitergegeben, werden sie deshalb weiterleben - so wie einst die Erzählungen über den wahllos zugreifenden „Schwarzen Tod" und über die Greuel des nicht enden wollenden 30jährigen Krieges, in dem um Macht und Glauben zugleich gestritten worden war. Hunger, Vertreibung, Flucht vor der Kriegsfurie gab es auch im Zweiten Weltkrieg, aber es war noch viel schlimmer als im 14. und 17. Jahrhundert; denn jetzt hatte die moderne Technik die Mittel geliefert, um den Kampf der Soldaten schrecklicher und unerbittlicher zu machen und auch noch die Städte und Dörfer hinter der Front weit gründlicher zu zerstören als einst mit der Brandfackel."

Der dies feststellt ist Professor Percy Ernst Schramm. Er war von 1943 bis 1945 Verfasser des Kriegstagebuchs des Oberkommandos der Wehrmacht. In seiner Dokumentation „Die Niederlage 1945" schreibt er weiter: „Von all dem menschlichen Elend, dem Grauen vor der nächsten Nacht, den Tränen um die Millionen Toten, von der Verzweiflung, einem Schicksal ausgeliefert zu sein, ohne es ändern zu können, steht in diesen (Schramms) Aufzeichnungen gar nichts. Der Leser muß deshalb annehmen, daß angesichts eines so ungeheuerlichen Geschehens dessen Darstellungsweise völlig unangemessen war. Denn die hier vorliegenden Tagebuch-Niederschriften sind so sachlich und nüchtern abgefaßt, wie der Schriftsatz eines Notars, der einen Sachverhalt ohne innere Anteilnahme zu Protokoll gibt."

Das Kriegstagebuch

Das „Tagebuch" vermittelt Ereignisse unretuschiert wieder. Es ist nicht das, was das breite Publikum vorgestellt bekam. Der andere - meist frisierte - Wehrmachtsbericht für die Bevölkerung wurde (so Professor Schramm im dtv-Band) in der Amtsgruppe für Wehrmachtspropaganda seit September 1944 von Dr. Wilhelm Ritter von Schramm verfaßt, der es schwer hatte, immer neue Vokabeln zu erfinden, um die Fakten „Rückzug", „aufgerissene Front", „Durchbruch" usw. zu umschreiben. Mit Absicht seien hier einmal - in Auszügen - Passagen aus dem Kriegstagebuch (und nicht aus dem Wehrmachtsbericht) wiedergegeben. Im streng dienstlich; ja geradezu bürokratischem Stil liest sich das Geschehen so:

US-General George Patton, hier mit Oberbefehlshaber Eisenhower, für die einfachen Amerikaner ein „Marschall Vorwärts", für die eigenen Militärs oft ein Querkopf. Er führte die 3. Armee durch das Rhein-Mosel-Gebiet. Kurz nach dem Krieg brach er sich bei einem Autounfall in Mannheim das Genick. Patton wurde in Luxemburg auf dem großen US-Soldatenfriedhof Hamm beigesetzt.

1. 1. 45: 1300 4mot Bomber aus dem Westen. Angriffe gegen Verkehrsziele in Düsseldorf, gegen Neuwied, Koblenz und den Frontbereich.

2. 1. 45: Angriffe von 1200 amerikanischen Bombern u. a. gegen den Raum Neuwied-Koblenz (wo eine Moselbrücke ausgefallen ist) und Trier.

8. 1. 45: 1000 amerikanische 4mot. Bomber gegen Verkehrsziele im Raum Paderborn, Bielefeld - Koblenz.

9. 1. 45: Verkehrsziele im Raum Koblenz - Trier - Mainz.

14. 1. 45: 1100 Bomber mit 600 Jägern gegen Verkehrsziele am Mittelrhein. Durch amerikanischen Angriff sind im Süden und am Mittelrhein zur Zeit fünf von den Eisenbahnbrücken nicht in Betrieb, (u.a. Rüdesheim).

Ihre Gesichter entsprechen nicht der Lage, wie sie sich bei der Ardennen-Offensive im Dezember 1944 darbot; Generalfeldmarschall Walter Model (r.), General von Manteuffel (l.) und GenLt. Thomale in der Eifel. Model, Chef der Heeresgruppe B, nahm sich Ende April 1945 bei Duisburg das Leben. Er wurde später beigesetzt auf dem Soldatenfriedhof im Hürtgenwald/Eifel.

Im Bombenhagel

28. 2. 45: Von der deutschen 7. Armee wurde Bitburg gehalten. Der Gegner verlegte den Schwerpunkt auf die Höhen südlich der Stadt in Richtung Trier; jedoch gelang eine Abriegelung. Wieder Einbrüche in die neue HKL (Hauptkampflinie).

7. 3. 45: 30 Panzer im Vorstoß von Daun nach Südosten. Von der 352. Inf.-Div. fehlen Meldungen. Zum Stoß über Lauterbach (muß wohl Laubach heißen?) nach Cochem an der Mosel wird die 179. Inf.-Div. angesetzt. Der Angriff der 6. SS-Gebirgs-Division wurde angehalten, um sie nördlich der Mosel einzusetzen. Südlich der Mosel feindliche Gegenangriffe. Die 256. Inf.-Div. wurde auf die Ruwer zurückgedrängt. Die 6. SS-Geb.-Div. mußte die Hälfte des gewonnenen Geländes wieder preisgeben.

9. 3. 45: Eine einheitliche Führung ist wohl nicht mehr vorhanden. Der Feind gelangte bis Kreuzberg (Ahrtal) und bis zur Brücke von Remagen. Er überschritt sie und konnte am Ostufer einen Brückenkopf bilden. Der Feind besetzte Cochem und drang bis 5 km westlich Koblenz vor. Eingesetzt wurden 10 eigene Flugzeuge gegen die Brücke von Remagen; nur 2 Treffer wurden erzielt.

10. 3. 45: Die deutsche 15. Armee ist in die allerschwierigste Lage gekommen. Auf den südlichen Ahrhöhen konnte der Gegner aufgefangen werden. Im Raum Koblenz und an der Mosel stieß der Feind weiter vor. Andernach eingeschlossen. Westlich des Laacher Sees ist nunmehr die Masse der 15. Armee umschlossen. Sie hat den Befehl zum Durchbruch nach Süden.

13. 3. 45: 360 Jäger, darunter 4 Blitzjäger, die ersten Düsenjäger der Welt, gegen die Brücke von Remagen, zahl-

reiche Treffer, jedoch anscheinend nicht auf der Brücke. Ein Flugzeug ging auf 450 Meter herunter und warf eine 1000-kg-Bombe, die sich auf der Brükke nicht entzündete und von dem Pfeiler ins Wasser absprang.

15. 3. 45: Gegner über die Mosel gekommen. Jedenfalls bahnt sich eine neue Krise an. Herangezogen werden jetzt die ganze 6. SS-Geb.-Div. und die 559. Div. Am Rhein wird Boppard umkämpft. Bei Karden feindlicher Brükkenschlag. Der Gegner ist durch Hunsrück und Hochwald hindurchgedrungen.

17. 3. 45: Kämpfe bei St. Goar und Simmern. Im Raum Bad Kreuznach Vorstoß nach Süden.

19. 3. 45: (2 Tage nach der tatsächlichen Besetzung): In Koblenz, das von 2000 Mann verteidigt wurde, ist der Widerstand zu Ende gegangen. Der Brückenkopf Rhens wird geräumt.

Dies war die sachliche, nüchterne Sprache im Tagebuch. Geläufige Ortsnamen tauchen darin auf: Birkenfeld, Traben-Trarbach, Bernkastel, Neuwied, Braubach, St. Goarshausen, Höhr-Grenzhausen, um nur einige zu nennen.

Hinter den nackten Meldungen steht das oft grausame Schicksal von Hunderttausenden. Was sie in jenen Monaten erlebten und erlitten, soll nachfolgend, mit Beispielen aus dem Rhein-Mosel-Gebiet, dargestellt werden. Der 2. Weltkrieg, durch die regionale Optik gesehen, wird noch einmal als ein Stück Lokalgeschichte wach.

Als Quellen dienten Gespräche mit Bürgerinnen und Bürgern, die damals das Drama miterlebten und Berichte, die kurz nach dem Krieg in der Rhein-Zeitung erschienen. Sie finden zum Teil ihre Auswertung. Unter den Autoren jener Chroniken über den Untergang der rheinischen Heimat sind zu nennen: Hans Bellinghausen, Peter Altmeier, Franz Lanters, Fritz Hirschner, Harry Lerch, Carl Triesch, Karl Oster, Josef Schnorbach, Walter Gattow, Robert Weinand, Richard Walter, Josef Malangre, Hermann Schmitz, Elisabeth Hofmann, Fritz Stelz, Karl-Heinz Melters, Wolfgang Trees, Alfons Teusch, Peter Malmen, Hajo Knebel, Robert Breisig, Alfred Ramme, Dr. Marquardt, Dr. Roland Melzer, Karl Wind, Werner Bohrer, Alfred Knippenberg.

Blenden wir zurück: Die am 17. Dezember 1944 begonnene Ardennen-Offensive, Hitlers letzter Verzweiflungsschlag, ging am 28. Januar 1945 zu Ende. Die Amerikaner hatten wieder durchweg ihre alten Stellungen erreicht, die sie schon im September 44 in der Eifel eroberten. Pattons III. US-Armee riskierte in ihrem Frontabschnitt zwischen Schnee-Eifel und Saarbrükken im Februar nicht viel.

Am 23. Februar startete die I. US-Armee nördlich der III. US-Armee ihre Offensive über Düren nach Osten. Kaum zehn Tage später, am 4. März 45, war Köln erreicht, am 7. März standen die Amis am Dom und am Rhein. Am selben 7. März eroberten die Amerikaner Remagen und rollten über die unversehrt in ihre Hände gefallene Ludendorff-Brücke über den Rheinstrom. Dieses kriegsgeschichtliche Ereignis wird in einem gesonderten Kapitel ausführlich dargestellt.

Zunächst jedoch ein Blick auf das Geschehen in Eifel, Hunsrück und im Moseltal. Die von starken Luftwaffenverbänden unterstützten Panzer- und Infanteriedivisionen Pattons marschierten zügig aus den Räumen Bitburg - Prüm über Daun, Mayen, das gesamte Gebiet nördlich der Mosel besetzend Richtung Rhein bei Andernach. Trier fiel am 2. März 1945.

Als die Soldaten aus New York, Chicago, New Orleans oder Denver durch das Dörfchen Udler bei Daun zogen, wird sich wohl keiner von ihnen bewußt gewesen sein, daß er in jener Eifelgemeinde war, in der ein gewisser Klaus Barbie seinen Lebensweg begann, jener Barbie, alias Altmann, der als Gestapochef in Lyon während des Krieges zu trauriger Berühmtheit gelangte. Nach 1945 soll er angeblich für den US-Geheimdienst gewirkt haben. Vor zwei Jahren lieferten ihn die Amerikaner an Frankreich aus. In Lyon, am Ort seiner Taten, wird ihm sein Prozeß gemacht.

An Klaus Barbie ist die Erinnerung in Udler und Mehren, wo er während seiner Zeit als Schüler des Friedrich-Wilhelm-Gymnasiums Trier die Ferien verbrachte, noch recht lebendig. Übereinstimmendes Urteil: Klaus Barbie war intelligent. Im übrigen galt Klaus Barbie als anständig und harmlos. Er sei jeder Rauferei, wie sie mal unter Jungen üblich ist, aus dem Weg gegangen. Klaus Barbie sei sogar öffentlich gegen die „Partei" aufgetreten. Das sei in einer Versammlung der „Braunen" in Mehren gewesen. Und jener Gewährsmann berichtet weiter, daß Barbie Theologe werden wollte. Als Klaus Barbie dann nach dem Abitur zum Arbeitsdienst ging, sei plötzlich ein Umschwung erfolgt. Aus dem jungen Streber wurde in wenigen Jahren ein bedeutender Gestapomann."

Zurück zum Kampfgeschehen: Hier und da wurden vor den Städten und Dörfern Panzersperren aufgebaut und auch verteidigt. In Sorge vor Vernichtung ihrer Habe haben aber viele Bürgerinnen und Bürger Sperren kurz vor Anrücken der Amis abgebaut und weiße Fahnen an Kirchen und Häusern als Zeichen kampfloser Übergabe gehißt. So wurde weiteres Blutvergießen vermieden.

Letzter Geheimbefehl Simons

Der letzte Befehl des Gauleiters Gustav Simon war schnell vergessen. Er trug das Datum des 13. September 1944 und lautete:

Für den Fall einer Besetzung von Gebieten des Gaues Moselland durch den Feind ordne ich folgende sofort zu treffende Maßnahmen an:

1. Sämtliche Dienststellenleiter bestimmen ihre Nachfolger und deren Mitarbeiter, die bedingungslosen Einsatz für den Führer und die nationalsozialistische Anschauung voraussetzen, jedoch politisch nicht besonders in Erscheinung getreten sind. Ihre Tätigkeit muß als Ziel haben, den Geist des Widerstandes gegen die Eindringlinge im Volke wachzuhalten und dem Feinde keine ihm nützlichen Dienste zu erweisen.

2. Alle Parteigenossen, die höhere Funktionen innerhalb des Verwaltungsdienstes ausgeübt oder sich durch ihre Tätigkeit in der Partei besonders exponiert haben, setzen sich in Auffanggebiete ab, jedoch nicht früher als die Wehrmacht dieses Gebiet aufgibt.

3. Sämtliches Aktenmaterial, das dem Feinde von informatorischem oder strategischem Werte sein könnte (Partei-Geheimakten, Zeichnungen und Pläne von Befestigungsanlagen) ist zu vernichten.

Ich verweise eindringlich auf die Notwendigkeit einer geeigneten Auswahl von Personen für den Verwaltungsdienst, die im Sinne des Führers im feindbesetzten Gebiet arbeiten, bis der Endsieg errungen und der Heimatboden wieder vom Feinde befreit ist.

Die neuen Dienststellenleiter nehmen sofort Verbindung mit den Offizieren der Besatzung auf. Es ist Vorsorge zu treffen, daß keine Stellen im Verwaltungsdienst von Staatsfeinden besetzt werden.

Vorstehende Verfügung ist unverzüglich nach Erhalt und Einprägung ihres Inhalts zu vernichten. Für die Richtigkeit: gez. Oehmen, Regierungsrat; gez. Simon, Gauleiter.

Über Gustav Simon schreibt das Int. Biographische Archiv am 29. 5. 1947 u. a.: Simon, geboren 2. 8. 1900 in Saarbrücken war Dipl.-Handelslehrer in Koblenz. 1931 erfolgte seine Ernennung zum Gauleiter Koblenz-Trier (später „Moselland") der NSDAP und am 7. 8. 1940 wurde er Chef der Zivilverwaltung von Luxemburg. Nach dem Zusammenbruch wurde er bald von den Engländern in Paderborn verhaftet und an Luxemburg ausgeliefert. Nach einer amtlichen Version des Standesamtes Paderborn gibt es jedoch eine Sterbeurkunde, derzufolge Simon am 18. 12. 1945 dort verstorben ist.

Mayen „tote Stadt"

Am 8. März besetzten die Amerikaner Mayen. Auf die Fläche des reinen Stadtgebietes berechnet, dürfte die Eifelstadt wahrscheinlich an der Spitze der am stärksten zerstörten Gemeinden von Rheinland-Pfalz stehen. Zwischen 85 v. H. und 87 v. H. wurde der Zerstörungsgrad nach dem 2. Januar 1945 geschätzt, jenem schwärzesten Tag in der Stadtgeschichte. Nirgendwo im engeren Heimatgebiet war Tausenden Menschen ein so bitteres Los beschieden wie den Einwohnern der Kreisstadt Mayen. So sah ein Mayener die letzten Wochen des Krieges:

2. Januar 1945: 68 viermotorige Bomber greifen die Stadt an, laden ihre unheimliche Last von Sprengbomben ab und verwandeln sie innerhalb von sechs Minuten in einen Schutt- und Trümmerhaufen. Eine Rauch- und Staubwolke steigt von Mayen gen Himmel, liegt stundenlang über der Stadt und läßt dann ein furchtbares Inferno zutage treten. Allein sieben Bombentreffer auf das Gelände der Genovevaburg, unter der jedoch der Burgbunker (Schutzstollen) mit schätzungsweise 5000 Menschen seine Bewährungsprobe besteht. Vor dem Betonbau werden allein 60 Tote geborgen, darunter die Hälfte Soldaten, die das rettende Ziel des an sich schon überfüllten Großbunkers nicht mehr erreichen. Ebensoviel Tote werden aus dem Keller des Katasteramtes im Gebäude des Amtsgerichts herausgeholt. Die Gesamtzahl der Toten an diesem denkwürdigsten Tage in der Geschichte Mayens beläuft sich auf 202. Ganze Straßenzüge der Innenstadt sind nicht mehr wiederzuerkennen. Trümmerhaufen, Bombentrichter und Gebäudereste überall, wohin die Augen der entsetzten Bevölkerung sich richten. Tage- und nächtelang wüten Flächenbrände im Stadtgebiet und ziehen weitere, noch unversehrte Häuser mit in die Katastrophe. Wasser zum Löschen fehlt, denn an etwa 70 Stellen ist die Hauptversorgungsleitung von Bomben getroffen und unterbrochen. Von 1800 Häusern der Stadt blieben nur 147 unbeschädigt. Von rund tausend Todesopfern des Krieges in Mayen wurden allein 345 Menschenleben (darunter 41 Soldaten) durch Bomben ausgelöscht.

Mayen im „Burgbunker"

Von langer Hand war der Bau eines Großbunkers unter der Mayener Genovevaburg vorbereitet. Seine Verwirkli-

Das ganze Elend dieser Welt: Stehbachstraße 1945 in Mayen.

Ruinen am Marktplatz in Mayen nach dem schweren Bombenangriff am 2. Januar 1945. Links die Genovevaburg. Unter ihren Gewölben fanden bei Kriegsende Tausende Schutz.

chung mit Hilfe von Grubensachverständigen und Schieferbrechern kam jedoch reichlich spät, so daß z. B. die so notwendige Wasserleitung und entsprechende sanitäre Anlagen fehlten. Ursprünglich für den Schutz und Aufenthalt von 1334 Menschen berechnet, wenn Mayen schweren Luftangriffen ausgesetzt würde, faßte der Burgbunker mit einer Gesamtlänge der Stollen von 400 Metern - also rund 1000 Quadratmeter nur! - in den kritischsten Stunden, Tagen und Wochen des furchtbaren Kriegsendes schätzungsweise bis zu 5000 Menschen. Die einzige Entlüftung für den Bunker bildete die Verlängerung des alten Brunnenschachtes der Burg bis zur Bunkerdecke. Eine zweite Entlüftung wurde gegraben. Der Sauerstoffgehalt der Luft war denn auch oft genug in den stickigen Bunkergängen so verbraucht und gering, daß Kerzen glatt verlöschten. Aber immerhin, man fühlte und wußte sich sicher unter der 17 Meter dicken Schieferdecke über sich, mit Recht, wie nicht weniger als sieben Bombeneinschläge schweren Kalibers auf dem Burgberg am 2. Januar 1945 zur Genüge bewiesen.

Einer half dem andern

Die gemeinsame Not in den damaligen Bunkerwochen gebot den Menschen ganz von selbst, sich untereinander zu helfen, wo es nur möglich war. Viele Beispiele aus dieser Zeit blieben bis heute in Erinnerung. Um nur eines herauszugreifen: der Apotheker Dr. Rudolf Schlags ging damals Tag für Tag nach Kürrenberg, wohin er seine Apotheke verlagert hatte, um Medikamente und Arzneien für die Menschen im Burgbunker heranzuholen, und verteilte sie meistens kostenlos.

Der zweite Großbunker am Bannerberg wurde zum Glück nicht der schweren Belastungsprobe durch Bombenabwürfe ausgesetzt, zumal Fachleute ihn keinesfalls für so sicher hielten wie den Burgbunker.

3./4. Januar 1945: Mayen wird zur „toten Stadt" erklärt. Die in der Stadt weilenden rund 9000 Einwohner fordert man auf, sich in Gruppen zu 50 Mann im Schutze der Dunkelheit auf die umliegenden Ortschaften zu verteilen, wohin schon viele Flüchtlinge evakuiert worden waren und wo man darauf noch enger zusammenrücken muß. Ein großer Teil der schwergeprüften Mayener Einwohner kehrt jedoch in die zerstörte Vaterstadt zurück, um ohne normale Versorgung mit Lebensmitteln und Wasser wochen- und monatelang in Bunkern und Erdlöchern buchstäblich zu vegetieren.

Bis Anfang März 1945: Die Front rückt näher und die „tote Stadt" wird immer wieder von einzelnen Fliegerangriffen heimgesucht. Schätzungsweise 5000 Einwohner sind es, die unter kaum vorstellbaren Lebensbedingungen auf ihrem Heimatboden ausharren, weil ihnen die Fremde noch unsicherer erscheint.

6. März 1945: Ein neuer Kampfkommandant will mit rund 400 zusammengetrommelten Soldaten Mayen als wichtigen Straßenknotenpunkt verteidigen, bis in Koblenz ein Brückenkopf gebildet ist. Panzersperren werden errichtet. Vom rechten Rheinufer schafft man noch bis zum 6. März Brot und Lebensmittel heran. Doch dann ist Schluß.

7. März 1945: Aus dem Elztal heranrückende amerikanische Panzerkräfte werden aufgehalten.

Ein eindrucksvolles Bild aus jenen Tagen des Januar 1945: Auszug der ausgebombten Mayener aus ihrer zerstörten Stadt. Das Gemälde von Heinrich Thiel ist im Besitz des Eifelmuseums Mayen.

8. März: Amerikanische Panzerkräfte tauchen am Wald oberhalb Mayen auf. Auf dem Goloturm ist auf Geheiß des Bürgermeisters die weiße Flagge gehißt. Der Kampfkommandant verlangt die sofortige Einziehung der weißen Fahne und ordnet Verhaftung und Erschießung des Bürgermeisters an. Das hierzu beorderte Vollstreckungskommando kann jedoch den Befehl nicht mehr ausführen, denn inzwischen rollen die amerikanischen Panzer in die Stadt. Unter Umgehung der Panzersperren sind sie über den Rampenweg in die Westbahnhofstraße eingebogen. Am Obertor, Ecke Kelberger Straße - Westbahnhofstraße, wird eine Panzerfaust gegen einen amerikanischen Panzer abgefeuert, wobei ein Mayener Bürger getötet wird. Die Amerikaner durchsuchen sofort den Burgbunker unter der Genovevaburg und den Bunker am Bannerberg.

9. März: Ein amerikanischer Befehlshaber besichtigt mit seinem Stab den Burgbunker und gewährt den Tausenden Insassen eine Stunde Ausgehzeit in der Stadt, um sich mit dem Notwendigsten zu versorgen. Aber auch am zweiten und dritten Tage nach Besetzung durch die Amerikaner erhalten die Einwohner je eine Stunde Ausgeherlaubnis, die allmählich erweitert wird. Die Dachdeckerfachschule wird zum Sammellager für die deutschen Kriegsgefangenen.

12. März: Die schon gelockerte Ausgeherlaubnis wird auf den Verkehr mit den Nachbarortschaften ausgedehnt. Viele Mayener kehren nun sofort in ihre schadhaften Häuser zurück, vor allem auch deshalb, um ihr Eigentum vor Diebstahl zu bewahren, da in diesen turbulenten Tagen der Eigentumsbegriff bedenklich ins Wanken geraten

ist. Angehörige des amerikanischen CIC (Geheimdienst) vernehmen und interviewen die Mayener Bevölkerung an allen Ecken, wobei man „halbverhungerte Kinder und Greise" aus den beiden Großbunkern als „attraktive Bildobjekte" offensichtlich sucht.

Anfang Juni: Die ersten Personenzüge zwischen Mayen-Ost und Andernach verkehren wieder, nach Auskunft des amerikanischen Kommandanten die erste deutsche Eisenbahnlinie, die nach der Besatzung wieder im Betrieb ist, fast gleichzeitig auch zwischen Mayen-Ost und Koblenz-Metternich.

Damned germans

In allem Elend gab es trotzdem für viele etwas zum Lachen. Dies stand in der RZ: Einem ausgebombten Mayener Einwohner war in seiner Notunterkunft auch noch der Rundfunkapparat „requiriert" worden. Niedergeschlagen kam er zu seinem Schwager, einem Schlossermeister, und klagte dem sein Leid. Der Schlossermeister hatte Besuch eines Amerikaners von der Military-Police (MP), und dieser wollte nun gerne erfahren, worüber sich die beiden Deutschen so aufregten. Als man ihm das einigermaßen klargemacht hatte, fragte der MP-Mann, ob man denn wisse, wer den Rundfunkapparat geholt habe. Ja, das war bekannt, eine amerikanische Dienststelle in einem nahen Nachbarort. „Well", sagte der Ami, „ich fahren Euch dahin, aber Ihr müßt spielen mit, was ich tue, heute abend sieben Uhr hier..." Die beiden Deutschen begriffen auch sofort, daß ihnen in dem MP-Mann ganz unerwartet ein Helfer gekommen war. Er kam auch mit seinem Jeep am Abend, und man fuhr zu dritt los. In dem Ort angekommen, stieg der MP-Mann umständlich aus, lud seine Maschinenpistole durch und forderte die beiden Deutschen unter lauten, fürchterlichen Flüchen auf, mit ihm zu kommen. In Wirklichkeit sollten die beiden Männer ihm den Weg zum Haus der amerikanischen Kommandostelle zeigen. Aber trotzdem: „Go on, damned german..." Die amerikanischen Kameraden staunten nicht schlecht, als dieser, nun noch mehr fluchend und schimpfend, mit den beiden Deutschen erschien und diesen befahl, sofort den im Zimmer stehenden Rundfunkapparat mitzunehmen, es handele sich um einen unverschämten Diebstahl, um ein Gaunerstück...

Die Drei zogen mit dem Rundfunkapparat unangefochten ab, und weil die Sache so gut klappte, bat der Schlossermeister den MP-Mann, aus einer Scheune des gleichen Dorfes noch einen weiteren, ihm gehörigen Rundfunkapparat mitzunehmen, was sich unter gleichen Umständen vollzog. So hatten die beiden hocherfreuten Deutschen ihre Rundfunkapparate wieder in sicherem Besitz.

Die ganze Geschichte ist deshalb erwähnenswert, weil sie beweist, daß auch bei den Amerikanern Dinge vorkamen, die Episoden aus „Null-achtfuffzehn" ähnlich sehen...

Böses Ende für Kehrig

In Kehrig bei Mayen kam nach einigen Fliegerangriffen mit Häuserschäden und einzelnen Menschenverlusten am 7. März 1945 ein böses Kriegsende. In der Nacht zuvor mußten sämtliche Fuhrwerksbesitzer Geschütze, Munition und Gepäck einer Flak-Einheit in Richtung Koblenz abtransportieren, sie kehrten meistens ohne ihre Fuhrwerke und Pferde zurück. Am 7. März 1945 rückten amerikanische Panzerkräfte aus Richtung Elztal an und standen vor Kehrig. Zwei 8,8-cm-Flakgeschütze hatten aber am Ortseingang der Kaifenheimer Straße Stellung bezogen und schossen den ersten auftauchenden Ami-Panzer in Brand. Die Panzer zogen sich zurück, worauf motorisierte Artillerie den ganzen Ort unter Feuer nahm. 17 Scheunen und ein Wohnhaus gingen hierbei in Flammen auf. Als die beiden Geschütze schwiegen, drangen die amerikanischen Panzer unter ständigem Schießen in den Ort ein, wobei mehrere Ortseinwohner ums Leben kamen oder verletzt wurden.

Das Aus für Andernach

Bei den deutschen Truppen war das Chaos vollkommen. So war für die US-Verbände das Vorrücken auf Andernach nur ein verhältnismäßig harmloser Katzensprung. In jenen Stunden wurden die Reste der deutschen Truppen westlich des Laacher Sees vom Gegner eingeschlossen. General Walther Lucht galt bei diesen Kämpfen als vermißt, konnte sich aber dann doch mit wenigen hundert Soldaten wieder zu den eigenen Linien durchschlagen. Kaum 15 Stunden nach der Besetzung von Mayen, Kruft, Plaidt und anderer Orte war auch für die Bäckerjungenstadt das Aus des Krieges gekommen. Not und Elend blieben jedoch noch lange.

Über vier Jahre mit Leid und Trauer in vielen Familien, aber ohne Krieg in der Heimat, erlebte die Rheinstadt. Dann wurde es ernst, bitterernst. Doch das Glück stand ihr auch jetzt noch zur Seite. Die Stadtchronik aus dieser Zeit ist einigermaßen genau und kennzeichnet damit die Tatsache, daß man noch Zeit hatte, niederzuschreiben und zu registrieren... Interessant ist, daß Andernach in den Plänen der alliierten Kriegsführung eine gewisse Rolle spielte.

Nach dem Scheitern der Ardennenoffensive ging die strategische Planung der amerikanischen Streitkräfte darauf aus, in Anlehnung an das deutsche Beispiel von Zangenbewegungen mit kräftigen Panzervorstößen „Kessel" zu bilden. In diesem Streben sollte für die nördlich bei Köln operierende 1. amerikanische Armee und für die von Trier her vorrückende 3. amerikanische Armee Andernach Schwer- und Zielpunkt sein. Der unvorhergesehene Gewinn der Rheinbrücke bei Remagen brachte es jedoch mit sich, daß die beiden Armeen sich nicht, wie vorgesehen, in Andernach vereinten, vielmehr stieß die 1. amerikanische Armee sofort auf das rechte Rheinufer vor.

„Bei uns fallen keine Bomben"

Verhängnisvoll war die in Andernach weitverbreitete Meinung, die Rheinstadt werde nicht angegriffen. Sozusagen aus allen Wolken fiel man deshalb, als am zweiten Weihnachtstag 1944 amerikanische Flieger den ersten Angriff auf Andernach flogen, doch lagen die Bomben nicht im Ziel, sondern fielen zum großen Teil in den Rhein. Am nächsten Tage wurde jedoch der Angriff wiederholt, und diesmal fielen im ganzen Stadtgebiet verstreut Bomben und forderten erhebliche Opfer an Menschenleben und beträchtliche Häuserzerstörungen. Weitere Luftangriffe folgten am Silvestertag 1944, am Neujahrstag 1945 und am 6. Januar 1945, wobei in wenigen Tagen rund hundert Menschen ums Leben kamen. Auch am 9. Februar und in den ersten Märztagen 1945 fielen nochmals Bomben, ohne daß jedoch Menschenleben zu beklagen waren.

Am 1. Januar 1945 mittags luden die Alliierten Bombenteppiche über Weißenthurm ab. Statt die Rheinbrücke zu treffen, fielen die Bomben ins nördliche Stadtgebiet. Vor allem wurden die Nette-Brauerei und das Viertel an der damaligen Hindenburgstraße-Schillerstraße getroffen. Karlheinz Schmitz: „Es gab über hundert Tote, darunter auch russische Fremdarbeiterinnen. Im Brauereigelände wurden Ammoniakleitungen beschädigt. Das ausströmende Ammoniak erstickte Bürger oder machte sie für Jahre krank."

Fähre fuhr bis zuletzt

Bis zur Einnahme Andernachs durch die Amerikaner fuhr Tag und Nacht die Rheinfähre über den Strom.

In der Zeitung stand später: „In der Nacht zum 9. März kenterte das Fährschiff überlastet durch einen schweren Panzer". Ein anderer Andernacher, Anton Schellenbach, damals 13 Jahre alt, sagte jetzt hingegen, dies stimme nicht. Er habe selbst gesehen wie die Fähre an der Leutesdorfer Anlegestelle von einem farbigen Amerikaner mit Panzergeschütz beschossen und versenkt worden sei. Während die Amerikaner schon am Stadtrand auftauchten, stauten sich am Rheinufer und in den nächsten Straßen und Gassen die Fahrzeuge und Kolonnen deutscher Truppen, was vielen Soldaten zum Verhängnis wurde.

In der Mayener Hohl hatten sachverständige Männer einen Erdbunker mit mehreren Zu- und Ausgängen geschaffen, der an der Hauptseite einen betonierten Zugang besaß, wodurch leicht der Eindruck erweckt werden konnte, es handele sich um eine Verteidigungsanlage am Stadtrand. Pfarrer Peter Malburg, damals noch Vikar von St. Albert, hielt sich am 9. März in diesem Bunker auf und entschloß sich, mit zwei weiteren Andernacher Bürgern den anrückenden amerikanischen Panzern mutig und offen entgegenzugehen. Totenstille herrschte um das Gelände der Mayener Hohl, so schilderte Pastor Malburg die Situation, als man die Ankunft der Amerikaner erwartete. Die Panzer kamen auch ohne viel Geräusch heran. Plötzlich stand das erste graugrüne Ungetüm vor den drei Männern, die nun mit erhobenen Händen darauf zugingen. Bange Sekunden verstrichen, dann öffnete sich der Panzerturm, ein Amerikaner lugte heraus und fragte, wer die Deutschen seien. Schon vorher hatte sich Pastor Malburg einen englischen Text des Inhalts zurechtgelegt, er sei katholischer Geistlicher und bitte für 150 Frauen und Kinder im nahen Bunker um Schutz. Der Amerikaner verstand auch, klappte aber zunächst den Turmdeckel wieder zu und beriet sich anscheinend erst mit seinen Kameraden. Wieder klappte der Turm auf und der Amerikaner fragte nun mehrere Male, ob Pastor Malburg auch wirklich katholischer Geistlicher sei. Dieser öffnete darauf die ihn unkenntlich machende Überkleidung und wies sein schwarzes Priestergewand vor, worauf der Amerikaner ihm Glauben schenkte und sofort versprach, durch Funkspruch die anderen Panzer zu benachrichtigen, damit dem Bunker nichts geschehe, was auch voll und ganz erfüllt wurde.

Entgegen den Anweisungen des damaligen Bürgermeisters Hasdenteufel, die Stadt kampflos zu übergeben und zum Zeichen hierfür die weiße Fahne am Runden Turm zu hissen, versuchte eine Widerstandsgruppe doch noch, die Rheinstadt zu verteidigen. In Wirklichkeit war die Gruppe viel zu klein und schlecht ausgerüstet. Doch stand damit alles auf des Messers Schneide. Die amerikanischen Panzer mit aufgesessener Infanterie gewannen am 9. März das Bollwerk am Rhein und richteten von hier aus ein schweres Feuer auf die zusammengestaute Masse von Truppen, hauptsächlich von Troßfahrzeugen, am Rheinufer, wobei vor allem fast alle Pferde getötet wurden. Aber auch eine Reihe von deutschen Soldaten fiel hierbei, da sie mit diesem verheerenden Flankenfeuer nicht gerechnet hatten. Zum Teil wurde das Feuer von deutscher Seite erwidert, angeblich auch von der anderen Rheinseite her. Auch auf dem Hindenburgwall kam es zu einem Zusammenstoß, wobei es Tote und Verwundete auf beiden Seiten gab. Ärzte und Schwestern des St.-Nikolaus-Hospitals leisteten verwundeten Deutschen und Amerikanern sofort Hilfe. Durch das Burgtor rollten schließlich die ersten amerikanischen Panzer in die Innenstadt, die Hochstraße entlang. Die begleitende Infanterie schoß auf alles Verdächtige, was sich an den Haustüren zeigte. Zum größten Erstaunen der Andernacher machten die Amerikaner punkt 18 Uhr „Feierabend" und stellten die Kampfhandlungen ein, nachdem kurz vorher Bürgermeister Hasdenteufel einem amerikanischen Offizier die Stadt offiziell übergeben hatte.

Am Nachmittag war noch der deutsche Kommandant aufgetaucht und hatte dem Bürgermeister mit Erschießen gedroht, wenn er die Stadt nicht verteidigen lasse. Trotzdem flatterte kurz darauf die weiße Fahne am Runden Turm, der am Tage vorher durch eine Granate seiner Dachhaube mit der Fahnenstange beraubt worden war.

„Niederwalzen..."

Keineswegs war damit alles vorüber. Noch in der Nacht zum 10. März fielen Schüsse in Andernach. Deutscher Widerstand konzentrierte sich noch einmal am Runden Turm. Ein höherer amerikanischer Offizier, wahrscheinlich ein General, erschien am Vormittag des 10. März am Stadthaus und verlangte, daß alle Männer bis zu 60 Jahren aus dem Stadthausbunker und der Umgebung sich sofort zu versammeln hätten. Durch einen Dolmetscher ließ er dreimal verkünden, er werde die Stadt von Ost nach West durch die Panzer niederwalzen lassen, falls es nicht gelinge, die Heckenschützen aus der Zivilbevölkerung ausfindig zu machen, die auf Amerikaner schössen. Die versammelten Männer protestierten verneinend, daß es sich um Andernacher Einwohner handele, vielmehr seien das noch immer Soldaten. Schon bald wurde dann der letzte Widerstand gebrochen. Es gelang auch, den amerikanischen Befehlshaber davon zu überzeugen, daß die Zivilbevölkerung auf keinen Fall an diesem Widerstand beteiligt war. Das Rheinufer bot geradezu chaotische Bilder mit zusammengeschossenen Fahrzeugen und toten Pferden. 18 Tage lang schoß noch die amerikanische Artillerie auf das rechte Rheinufer hinüber, obwohl dieses schon am 23. März ebenfalls besetzt wurde. Am 25. März wurde zum erstenmal wieder öffentlich das Meßopfer im Mariendom gefeiert, wozu sich die Menschen drängten, wie man das vielleicht in Jahrhunderten nur einmal erlebte.

Lager des Schreckens

Zusammen mit Sinzig und Kripp stand das Kriegsgefangenenlager für deutsche Soldaten in Andernach in einem Rufe des Schreckens. Da damals auch der letzte Landser begriff, was es bedeutet, daß Sprit und Munition an allen Ecken und Enden fehlten, daß die deutsche Luftwaffe kaum noch am Fronthimmel erschien und daß jeglicher Nachschub ausblieb, gaben Tausende und Zehntausende den befohlenen sinnlosen Widerstand auf und gingen in Gefangenschaft. Das Los dieser Soldaten in Lagern unter freiem Him-

US-Panzer und Infanteristen beim Einmarsch in die Hochstraße von Andernach.

Beim Ende in der Bäckerjungenstadt Andernach kamen viele Pferde ums Leben.

Terror!

Terror war Hitlers Waffe, als er das deutsche Volk und Reich seiner Partei dienstbar machte.

Terror, brutaler, vorbedachter Terror, damit unterwarf Hitler Österreich, die Tschechoslowakei, Polen, Norwegen, Belgien, Holland, Frankreich, Jugoslawien und Griechenland.

Terror gegen die Zivilbevölkerung, rücksichtslose Zerstörung von Wohnbezirken sollte im Herbst 1940 Großbritannien auf die Kniee zwingen. Jetzt richtet Hitler dieselbe Waffe gegen Rußland.

Hitler hat sich verrechnet!

Der Krieg in Rußland geht weiter, und Großbritannien steht heute unvergleichlich stärker da als vor einem Jahr. Und an seiner Seite steht Amerika.

Jetzt legen w i r erst richtig los.
Unsere Antwort auf Hitlers Terror:
Bomben, immer größere Bomben!

Was Ihr heute Nacht erlebt habt, waren nur die ersten Tropfen, die den kommenden Gewittersturm ankündigen. Immer wuchtiger, immer vernichtender wird es auf Deutschland herabprasseln: so rechnen wir mit Hitler ab! Wenn es zuviel für Euch wird, wenn Ihr der Urgewalt des Orkans nicht mehr widerstehen könnt, dann denkt daran:

Das dankt Ihr Hitler!

Amerikanisches Flugblatt, abgeworfen über dem Hunsrück.

Am Andernacher Hafen begann für diese Soldaten der Weg in die Gefangenschaft.

mel bei Tag und Nacht war bitter und hart und schien ohne Erbarmen und gnadenlos von einem Gegner bestimmt, der in unzähligen Flugblättern menschenwürdige Behandlung versprochen hatte. Viele Soldaten starben in diesen Lagern an Erschöpfung, Entkräftung und Hunger. Aber Tausenden wurde das Leben gerettet durch die Aktivität christlicher Nächstenliebe, von mutigen Geistlichen sofort eingeleitet und verwirklicht.

Helfer und Augenzeugen berichten: Der Leidensweg zahlloser deutscher Soldaten begann zunächst mit der Fahrt auf amerikanischen Lastkraftwagen, auf denen sie engstens zusammengedrängt in Richtung Miesenheim bei Andernach gebracht wurden. Immer wieder säumte auch in der Rheinstadt die Bevölkerung die Straßen, die die Lastwagen mit den Gefangenen passierten. So mancher hatte wohl die Hoffnung, vielleicht einen Familienan-

gehörigen oder auch einen Bekannten auf den Fahrzeugen zu erkennen. Aber diese Hoffnung erfüllte sich kaum. Das provisorische Durchgangslager bei Miesenheim wurde Anfang Juni 1945 aufgelöst. Eines frühen Morgens trieben Bewachungsmannschaften rund 42.000 Menschen - zum größten Teil maßlos erschöpft - in Richtung Andernach, wo im Rheinvorgelände (Rasselstein) ein neues Gefangenenlager errichtet hatte. Mitten durch den Friedhof führte eine Art Zufahrtsweg, über dessen Entstehung es zwei Versionen gibt: die eine, wonach diese Schneise über Gräber, Bäume und Sträucher hinweg als freies Schußfeld für eine feuernde amerikanische Geschützbatterie während der damaligen Kampfhandlungen schon geschlagen wurde, die andere, daß diese Schneise erst bei Schaffung des Gefangenenlagers entstanden sei.

Es war Pfarrer Adolf Rosch von Andernach, als katholischer Priester und standhafter Verfechter christlichen Bekenntnisses auch in schwersten Zeiten bekannt, der im Mariendom von der Kanzel herab zu tatkräftiger Hilfe für die hungernden und darbenden Kriegsgefangenen aufrief und sich hierbei besonders an die „Andernacher Nachbarschaften" wandte. Dieser Aufruf hatte ein ungeahntes Echo. Mit Pfarrer Rosch setzte sich auch Pastor Peter Malburg, damals noch Vikar, später Pfarrer von St. Albert, nachdrücklich für die Verwirklichung dieser Gefangenenhilfe ein.

Auf Massen nicht gefaßt

Beide Geistliche, Stadtpfarrer Rosch und Pfarrer Malburg, führten damals schon bald Klage bei dem amerikanischen Lagerkommandanten über die schlechte Verpflegung der deutschen Kriegsgefangenen. Dieser erwiderte, die Soldaten seien gar nicht in amerikanischer, sondern in deutscher Gefangenschaft, womit er auf die rein deutsche Lagerverwaltung anspielte. Allerdings sei man auf amerikanischer Seite gar nicht auf derartige Massen von Gefangenen gefaßt gewesen. Dennoch sei die Verpflegung zuteilungsmäßig gar nicht so schlecht, wie behauptet werde, aber die Verteilung hätten Deutsche in Händen. Deutscher Lagerbeauftragter war damals ein Feldwebel, über den man sich allgemein beklagte. Es blieb nicht bei einer Suppenspende allein. In den Chroniken der Andernacher Nachbarschaften finden sich aus jenen Tagen und Wochen Aufzeichnungen über namhafte Spenden an Brot, Obst usw., die sich die Andernacher Bevölkerung, vielfach auch schon darbend, buchstäblich für die Gefangenen vom Munde absparte und die im Lager zusätzlich zu der täglichen Suppe verteilt wurden. Wenn auch meistens noch durchaus diszipliniert, nahmen die Gefangenen diese Spenden mit wahrem Heißhunger entgegen. Oft genug spielten sich hierbei auch unbeschreibliche Szenen im Lager ab.

Später ging das Lager in französische Verwaltung über. Inzwischen hatten sich unterhalb der Andernacher Pfarreien und Nachbarschaften Helfergruppen gebildet und es war mit Hilfe einer Anzahl von Frauen eine Küche in der Metzgerei Feiten und später in der Werksküche der Vereinigten Möbelwerke eingerichtet worden. Täglich kochte man dort etwa zwei Monate lang tausend Liter Suppe in großen Bottichen, die von der Bimsfirma Heintges stammten, und brachte sie ins Lager.

Mit einem Pferdefuhrwerk fuhr Pfarrer Malburg schon vom ersten Tage an mit ins Lager. Als die französischen Wachposten beim ersten Auftauchen des sonderbaren Fuhrwerks mit den dampfenden Suppenbottichen Miene machten, den Zutritt zu verwehren, sagte der Geistliche mit blitzartigem Einfall auf französisch: „Je suis le curé de la soupe..." („Ich bin der Suppenpfarrer..."). Die Posten lachten bei diesem Zuruf hellauf und riefen das Scherzwort die Lagerstraße hinauf: „Attention - le curé de la soupe!" Das wirkte diesmal und bis zur endgültigen Einführung des täglichen Suppenwagens wie ein Passepartout...

Unbeschreibliche Szenen

Was hinter diesem Scherzwort sich an Ernst verbarg, vermag man sich heute kaum noch vorzustellen. Das große Lager Andernach mit über 40.000 Menschen war in einzelne Camps unterteilt. Jeden Tag kam ein anderes Camp mit der Suppenverteilung an die Reihe.

Auch muß hier verzeichnet werden, daß aus dem Maifeld und aus ländlichen Orten der Eifel im Kreisgebiet öfter ansehnliche Spenden an Lebensmitteln für das Lager Andernach eintrafen, das trotz allen Schreckens in seinem düsteren Bild gemildert wird durch diese Beweise christlicher Nächstenliebe vor allem aus dem Kreis einer ebenfalls darbenden Stadtbevölkerung.

Am offenen Grabe...

Geistlichen Beistand erhielten Sterbende im Lager durch kriegsgefangene Geistliche unter den Soldaten. Bei den zahlreichen Beerdigungen auf dem Friedhof - an einem Tage im August 1945 waren es 44, die allein Pastor Malburg begleitete - teilten sich die katholischen Priester und der evangelische Pfarrer D. Menn, zumal in manchen Fällen die Konfession des gestorbenen Gefangenen nicht mehr festgestellt werden konnte. Die Toten wurden meistens in primitiven Särgen aus zusammengenagelten Kistenbrettern begraben, manchmal auch nur in Papiersäcke gehüllt. Später wurde das Lager Andernach nach etwa dreimonatiger Dauer nach Bretzenheim im Kreis Kreuznach verlegt, wozu die Gefangenen in Waggons verladen und nach dort gebracht wurden. Väter, Mütter, Ehefrauen standen am Straßenrand und durften nicht helfen.

Im Neuwieder Becken kam es vielfach zu Ausschreitungen von Zwangsarbeitern, die die wiedergewonnene Freiheit genossen. Durch sie wurde u.a. auf dem Burger Berg eine junge Bauernfamilie umgebracht.

Brohltal-Episode

Der Aufmarsch der Amerikaner am Westwall zwischen Eupen und Trier brachte vor allem in der Eifel über Nacht chaotische Verhältnisse. US-Bomber und Jabos herrschten in der Luft. Ende September wurde immer stärker werdende Tieffliegertätigkeit im Brohltal, vor allem ca. 2000 Meter nördlich des Laacher Sees, gemeldet.

Die Alliierten wußten schon warum: In Bad Tönisstein war in den letzten Wochen in fieberhafter Eile ein Hauptquartier der Heeresgruppe B des Generalfeldmarschalls Model eingerichtet worden, in dem der Stab mit dem Marschall auch aktiv wurde. In dem Hauptgebäude ist heute die Fachklinik Bad Tönisstein zu finden. Es ist anzunehmen, daß somit hier auch noch bis Anfang Januar die Führungsstelle der Ardennenoffensive war.

Werner Bierbrauer, damals 14 Jahre alt, heute Ortsvorsteher des Andernacher Stadtteiles Kell (Tönisstein liegt in unmittelbarer Nähe) berichtet über jene Monate: Eine solche Hektik und Turbulenz, wie in jenem Winter 44/45 hatten die Bewohner von Kell, Wassenach, Burgbrohl, Tönisstein, noch nie erlebt. Zur Abwehr feindlicher Tieffliger und von Luftlandeoperationen waren überall Flakgeschütze in Stellung. Es wimmelte von Soldaten. Als am 7. März die Amerikaner bei Remagen im Handstreich den Rhein überquerten war der Stab, soweit er noch im Brohltal war, in heller Aufregung.

Durch irgendein Gerücht, daß angeblich US-Panzer schon ganz in der Nähe seien, entstand bei der Truppe Panikstimmung. Bierbrauer: Im Zeitraum von ein, zwei Stunden waren alle deutschen Stabstruppen Richtung Rhein verschwunden. Als wir Kinder sofort neugierig in die verlassenen Häuser und Baracken des Heeresgruppenstabes zogen, bot sich uns ein Bild, wie bei den Briten 1940 in Dünkirchen: Telefone, Schreibmaschinen, Akten, alles lag wahllos herum. In dem kleinen Tälchen zum Tönissteiner Sprudel standen Dutzende von fast nagelneuen Geräte-LKW, Transportwagen und Kräder aller Art. Die Waffen lagen mit der dazugehörenden Munition griffbereit, Konservendosen verteilten die Jugendlichen unter sich und schleppten sie nach Hause. Es dauerte dann noch fast 24 oder 36 Stunden, bis die ersten Amerikaner kamen. Der Einheitsführer einer Luftwaffenfeldtruppe wollte Kell noch an einer Panzersperre verteidigen, was die Bombardierung des Ortes bedeutet hätte. Verantwortungsbewußte Bürger stellten sich dem Truppenführer entgegen, der dann auch mit seinen müden Landsern vondannen zog aber wütend erklärte: „Wir kommen wieder, dann geht's den Verrätern an den Kragen". Das war einer von den vielen Offizieren und Feldwebeln, die da noch an den Einsatz von Hitlers angeblichen Wunderwaffen dachten, wenn erst einmal die Alliierten am Rhein seien. Vielleicht hat jene Truppe noch bei Brohl den Rhein zu überqueren versucht.

Nach der erfolgten Einnahme Kells durch die Amis schoß die US-Artillerie von den Keller Höhen aus noch tagelang auf die deutschen Stellungen am östlichen Rheinufer. Mit Granaten wurde nicht gespart. Noch heute sind in Kell US-Kartuschen zu sehen, die nach dem Kriege von Keller Bürgern anderen - friedlichen - Verwendungszwekken zugeführt wurden. Das Beispiel Kell mag hier für viele Gemeinden stehen.

Mancher aus dem Neuwieder Becken erinnert sich noch eines Feldflugplatzes zwischen Bassenheim und Ochtendung, auf dem 1940 das Geschwader Mölders gelegen haben soll. Heute verläuft dort die Autobahn A 61 (am Parkplatz Im Weitefeld). „Bei Kriegsende waren" - so Robert Reinhard - „Flugzeugattrappen aufgestellt, um die englischen und amerikanischen Bomber zu Abwürfen zu animieren."

So war es in Cochem

Wie eine riesenhafte Glocke stülpt sich in den Märztagen des Jahres 1945 das blaue Firmament über das Moselgebiet. Die Sonne sandte ihre warmen Strahlen auf die Erde, wo jedoch niemand sie wahrnahm, denn die Menschen hatten sich in Kellern, Höhlen und Bunkern verkrochen. Der Tod ging um. Vom Himmel kam er aus den blitzenden Flugzeugen, er heulte in Bomben, fuhr in Panzern und hockte auf den Kanonen. Er stürmte vom Westen und erreichte auch den Kreis Cochem mit seinen Flugzeug-Geschwadern. Schon 1942 waren Bomben auf Cochem abgeworfen worden und hatten Todesopfer gefordert. Nach einer langen Pause setzten dann gegen Ende 1944 erneut Bombenangriffe ein, die am 5. Januar 1945 ihren Höhepunkt erreichten, nachdem am Heiligen Abend 1944 die Brücke Cochem-Cond in die Luft geflogen war. Die Front rückte näher. Die Bevölkerung des Kreisgebietes merkte das an der verstärkten Lufttätigkeit der feindlichen Flieger. Nicht nur Bomber erschienen, sondern auch die „Jabos", die Bomben warfen und mit Bordkanonen schossen. Das deutsche Heer flutete in seiner Masse zurück, während die Nachhut-Einheiten oft noch verbissene Gefechte lieferten und sich dabei aufopferten. Redakteur Walter Gattow schilderte Jahre nach dem Kriege das Geschehen: In Auderath hatten Luftminen und Bomben einen großen Teil des Ortes zerstört, aber auch die Abschußbasen der V1 (fliegende Bomben), bei Büchel waren das Ziel der feindlichen Flieger, denn von hier aus wurden Antwerpen und London beschossen. Karden und Treis mit der wichtigen Moselbrücke lagen ebenfalls im Bombenhagel. Die Treiser Bevölkerung zog sich in das Flaumbach- und Dünnbachtal zurück, wo sich viele Einwohner leichte Hütten bauten. Andere fanden

Aufnahme im Kloster Engelport. Oft wurde der Rauch zum Verräter. Die feindlichen Flieger schossen dann mit Bordwaffen. Am 1. März erfolgte auf Karden und Treis der größte Luftangriff, der von Jagdbombern geführt wurde. Gegen 10 Uhr morgens warfen die Flugzeuge ihre furchtbare Last ab, ohne jedoch das eigentliche Ziel, die Brücke und den Bahnhof, zu treffen. Treis wurde schwer heimgesucht. Gegen halb elf warfen neue Jabos 20-Zentner-Bomben. Eine von ihnen tötete in einem Keller 30 Menschen in Karden. Da man jedoch die gefährdeten Ortsteile rechtzeitig geräumt hatte, waren weitere Menschenleben bei den vielen Luftangriffen nicht zu beklagen.

Das Leben spielte sich in diesen Tagen meist nur nachts oder zwischen den spärlichen Pausen ab, in denen keine Flugzeuge am Himmel waren. Licht, Post, Eisenbahn, Zeitung und Rundfunk gab es nicht mehr. Nur Gerüchte schwirrten hin und her. Aber die zurückgehende Wehrmacht besagte alles. Da wurden Geschütze im Mannschaftszug zurückgebracht oder man hatte Ochsen davor gespannt.

In den ersten Märztagen wurde der Kreis Cochem Frontgebiet. Die feindlichen Truppen rückten in Kaisersesch ein, nachdem auch im dortigen Amtsbezirk die Bomben vorher ihre Opfer gefordert hatten. Urmersbach und Hambuch zum Beispiel waren die Ziele von Jabo-Angriffen. Sieben Tote waren zu beklagen und über 20 Gebäude wurden zerstört.

So kam der 5. März 1945 heran. Am Bahnhof Laubach stellte sich ein deutscher Leutnant mit zehn Mann den Amerikanern zum Kampf, der schnell beendet war. Das dürfte wohl der einzige Widerstand gewesen sein, der um Kaisersesch geleistet wurde. Kaisersesch blieb fast verschont, da es zur Lazarettstadt erklärt worden war.

Panzer in Kaisersesch

Am 7. März standen morgens von Laubach über „Schöne Aussicht" kommend amerikanische Panzerspitzen vor Kaisersesch, dessen Bürger durch Lautsprecher aufgefordert wurden, sich zu ergeben. Gegen 11 Uhr rollten US-Panzer vom „Stier" herab in Kaisersesch ein. Dabei wurde in der Bahnhofstraße eine Frau erschossen, die am Fenster stand. Durchsuchungen von Häusern und die üblichen Begleitumstände folgten. Gendarmeriebeamte, die auf ihrem Posten geblieben waren, wurden entwaffnet und in Unterhosen durch die Straßen geführt.

Am 9. März erreichten die amerikanischen Truppen Karden. Sie durchbrachen von Brohl und Forst her die deutschen Linien. Ein Leutnant und einige dreißig Mann hielten jedoch die Panzer stundenlang auf. Als Unterstützung hatten sie an der Panzersperre ein Pakgeschütz und ein schweres Maschinengewehr. Heftiges Gewehr- und MG-Feuer begann. Dann brachen die Amerikaner mit starken Panzerkräften nach Karden durch. Das Gros der deutschen Soldaten war auf die rechte Moselseite gegangen. Ein Offizier sprengte gegen 18 Uhr die Moselbrücke. Dann begann ein heftiger Artilleriekampf zwischen beiden Seiten. Der Wehrmachtsbericht erwähnte, daß in Karden und Treis schwere Abwehrkämpfe im Gange seien. Wirklich hatte in Karden ein erbitterter Straßenkampf stattgefunden.

Die Amerikaner setzten jedoch nicht bei Treis über die Mosel, sondern im Schutze künstlichen Nebels bei Müden über eine Pontonbrücke. Von dort zogen sie nach Lütz und nach Treis. Überall wurde heftig gekämpft, dann zog sich die Schlacht die Höhen des Hunsrücks hinauf. In Treis sah es trostlos aus. Zudem war der Gotteshäuser Hof

US-Artillerie setzt im März '45 über die Mosel von Alf nach Bullay.

Die 1945 zerstörte Brücke bei Bullay.

US-Pioniere beim Moselübergang mit Fähren

in Brand geschossen worden. In Treis wurde ein Mann durch die Amerikaner erschossen. Wenig später bauten die feindlichen Truppen eine Holzbrücke zwischen Karden und Treis, rissen am 19. März das historische Stiftstor in Karden ab, da es den Lastwagenverkehr behinderte.

Am 10. März wurde Lutzerath mit einem heftigen Artilleriefeuer belegt. Die Ursache für diese Beschießung war ein letzter Feuerbefehl, der von Lutzerath aus an eine Nebelwerfer-Batterie, die bei Kennfus lag, gegeben wurde. Auf Grund von direkten Verhandlungen, die mit den Amerikanern geführt wurden, blieb jedoch der Amtsort vor der völligen Zerstörung bewahrt. Man mußte dafür bürgen, daß beim Einmarsch kein Widerstand geleistet würde. Am 11. März, gegen 11 Uhr, kamen die amerikanischen Truppen an, nachdem andere Einheiten bereits weite Landstriche in östlicher Richtung be-

setzt hatten. Auch in Cochem rückten die Amerikaner am 10. März ein, und zwar vom Pinnerkreuz her. Ein Kampf entspann sich von Cond nach Cochem, wobei in Cond zahlreiche Häuser durch Artilleriebeschuß beschädigt wurden.

Die Besetzung der übrigen Orte ging dann schnell vonstatten. Erhebliche Verluste erlitten deutsche Truppen noch auf dem Valwiger Berg durch Artilleriebeschuß von den Eifelhöhen her. Mit dem Einrücken begann das Leben wieder von vorn, es begann sozusagen bei Null. Man konnte wieder aufatmen. Die Bombenabwürfe hörten auf, die Angst wich einer neuen Hoffnung.

Es begann von vorn

Bereits am 24. März 1945 fuhr ein amerikanischer Jeep in Ediger vor der Wohnung des ehemaligen Amtsbürgermeisters von Cochem-Land, Adolf

Am 9. März 1945 wurde die Treis-Kardener Brücke, 1924 erbaut, gesprengt. Dies hinderte die Amerikaner nicht die Mosel im Handumdrehen zu überschreiten. Ein Jahr später schon begann man mit dem Wiederaufbau der Brücke. Eine gewaltig aussehende Holzkonstruktion wurde benötigt. Deutsche Kriegsgefangene arbeiteten mit.

Gandner, vor, den man zum neuen Landrat ausersehen hatte. Man brachte ihn gleich nach Cochem. Da stand er nun vor den Trümmern des Landratsamtes und den Trümmern des Kreises. Die Verwaltung war bis auf wenige Abteilungen evakuiert. Die staatliche Abteilung befand sich in Ediger und in Ernst.

Die erste und wichtigste Frage lautete: „Was gibt es zu essen?" Es fuhr keine Bahn mehr, die Moselbrücken waren gesprengt. Auch von Mayen kam nichts. Benzin gab es nicht. Da wurde von den Amerikanern ein Benzinkanister nach dem anderen erbeten, um wenigstens einige Lastkraftwagen flott zu kriegen, damit Lebensmittel herangeschafft werden konnten. Man versuchte, bei den örtlichen Mühlen Getreide zu mahlen. Zur Mühle bei Mayen wurde Ge-

treide gefahren, Mehl brachte man dann zurück. Die Bäcker mußten mit Brennmaterial versorgt werden, sonst konnten sie nicht backen. Man organisierte Fahrten in das Braunkohlenrevier.

Inzwischen mußte das Kreishaus wieder aufgebaut werden. Das geschah schon 1945, und zwar beim Flügel nach der Ravenéstraße zu. Die Steine wurden im Neuwieder Becken gegen Getreide getauscht. Außerdem war Wein die „harte" Währung des Moselkreises.

Eine andere Gefahr tauchte plötzlich auf, und zwar die der freigelassenen Ostarbeiter. Durch ein Übereinkommen zwischen Landrat Gandner und dem US-Kommandanten gelang es jedoch, den größten Teil der Zwangsarbeiter nach Trier in ein Auffanglager zu transportieren, so daß größere Plünderungen und Überfälle im Kreis Cochem unterblieben.

Wechsel

In Cochem wurde zunächst Oberinspektor Laux stellvertretender Bürgermeister, bis dann Bürgermeister Pauly eingesetzt wurde, dem 1948 der Stadtbürgermeister Hillebrand folgte.

In Lutzerath blieb vorläufig Amtsbürgermeister Jütten im Amt. Nach seiner Versetzung in den Ruhestand im Sommer des Jahres 1945 übernahm die Amtsgeschäfte der erste Beigeordnete Jakob Maas. Zum Ortsbürgermeister von Lutzerath wurde Peter Pfeifer berufen, dem der Landwirt Hermann Josef Thomas folgte. Am 8. August 1945 wurde auf Befehl des französischen Kreiskommandanten Herr Kapitain nach Lutzerath berufen, aber er amtierte nur ein Jahr. Dann wurde Amtsbürgermeister Alfons Friederichs eingesetzt und später durch die Wahlen bestätigt.

In Kaisersesch wurde die Stelle des Amtsbürgermeisters im April 1946 von Bürgermeister Firsching besetzt, (Amtsbürgermeister Faust hatte kurz vor dem Einrücken der amerikanischen Truppen Kaisersesch verlassen). Amtsrentmeister Kremer war nach dem Einmarsch mit der Wahrnehmung der Amtsbürgermeistergeschäfte beauftragt worden. Amtsbürgermeister Dr. Theisen tat bis Herbst 1945 Dienst. Bis zur Neubesetzung durch Amtsbürgermeister Firsching versah Amtsbeigeordneter Schuwerack den Dienst des Amtsbürgermeisters. Später kam Amtsbürgermeister Wolf nach Kaisersesch. Er hatte mit Amtsbürgermeister Firsching gewechselt. Firsching ging nach Remagen, Wolf kam von dort.

In Treis war zeitweise Dr. Engel (Moselkern) als Amtsbürgermeister eingesetzt. Ihm folgte 1947 Amtsbürgermeister Häbler.

Im Bezirk Cochem-Land blieb zunächst Amtsbürgermeister Pfitzner im Amt. Dann wurde der frühere Amtsrentmeister Josten eingesetzt, dem Amtsbürgermeister Magnus folgte.

Auch im Landratsamt wurde gewechselt. Landrat Adolf Gandner trat am 1. April 1948 in den Ruhestand. Dr. Pütz, der Rechtsanwalt in Cochem war, und Dr. Stein aus Altenkirchen waren seine Nachfolger, bis im Herbst 1950 Landrat Dr. G. Gilles gewählt wurde.

Am laufenden Band

Nach dem Einmarsch setzten die Verhaftungen der ehemaligen Parteigenossen ein, die zum Teil in die Internierungslager Trier, Idar-Oberstein und Diez gebracht wurden. Der frühere Ortsgruppenleiter von Karden, Peter Klering, wurde in Idar-Oberstein nachts durch eine Unterkunftstür hindurch von einem französischen Wachtposten erschossen, der entgegen den internationalen Bestimmungen Waffen im Zivilinternierungslager trug. In Kaisersesch war im September 1945 ein deutscher Kriegsgefangener im „Odengraben" von französischen Soldaten erschossen worden. Er war von einem Transportwagen abgesprungen, aber auf Anruf stehengeblieben. Die Besatzungstruppen setzten seine Leiche auf dem Kaisersescher Waldfriedhof unter militärischen Ehren bei, ließen jedoch die deutsche Bevölkerung nicht zur Beerdigung zu.

Zwischenfälle

Ein Zwischenfall ereignete sich auch in Bad Bertrich. Dort wurde in das Büro des französischen Kommandanten - die

Amerikaner waren am 24. Juni 1945 von den Franzosen abgelöst worden - eine Handgranate geworfen. Das Büro befand sich an der Hauptstraße im Hotel Schenk. Es wurde zwar niemand verletzt, aber Bürgermeister Dillenburg sen. und elf Bewohner wurden sofort verhaftet. Landrat Gandner erhob dagegen Einspruch beim Kreiskommandanten mit der Begründung, es sei nicht erwiesen, daß Deutsche die Handgranate geworfen hätten. Die Untersuchungen konnten die geheimnisvolle Angelegenheit nicht klären, so daß die Verhafteten wieder freigelassen wurden.

Ein zweiter Fall geschah in Mörsdorf. Dort war angeblich ein Drahtseil über die Straße gespannt worden. Die Besatzungstruppen sahen das als Sabotage an. Alle Mörsdorfer Einwohner mußten ihre Häuser räumen. Auch hier gelang es durch die Vermittlung von Landrat Gandner, schwerere Repressalien zu vermeiden. Von Sabotage konnte keine Rede sein. Wahrscheinlich hatten einige Kinder das Seil über die Straße gespannt. Es muß jedoch auch erwähnt werden, daß der französische Kreiskommandant Carton sehr einsichtig war und unnötige Härte vermied.

Wie überall, gab es im Kreisgebiet Requisitionen und Viehablieferungen. Im Amt Kaisersesch waren, um nur ein Beispiel herauszugreifen, im Oktober 1945 innerhalb einer Woche abzuliefern: 950 Bettücher, 320 Wolldecken, 5700 Zentner Stroh und 400 Zentner Heu. Die Zuteilung an Lebensmitteln betrug 2750 g Brot, 140 g Fleisch, 100 g Fettkäse, 125 g „Kaffee" für eine Dekade pro Person.

In Kaisersesch wurde am 24. April die Trikolore auf dem Kirmesplatz eingeholt. Mit dieser Flagge hatte es eine besondere Bewandtnis. Jeder Deutsche, der an ihr vorüberging, mußte sie

durch Entblößen des Kopfes grüßen. Wer das nicht tat, wurde dem Besatzungskommandanten vorgeführt und entweder einen Tag lang eingesperrt oder er mußte für die Truppe Kartoffeln schälen bzw. Reinigungsdienst leisten.

Zell: Blutige Bilanz

Auch der damalige Kreis Zell wurde von der allgemeinen Not nicht verschont. Wenn das engere Heimatgebiet auch nicht aktiver Kriegsschauplatz wurde, die Kampf-, Verteidigungs- und Evakuierungsbefehle in sich zusammenbrachen, so verspürten doch die Menschen aus dem Zeller Land das grauenvolle Leid und die tiefe Not der damaligen Stunden.

Das war für den Kreis Zell die blutige Bilanz des Zweiten Weltkrieges, die Ende Dezember des Jahres 1949 amtlich registriert wurde: 1267 Söhne starben, es waren 3,7 v. H. der gesamten Kreiseinwohnerschaft, 761 Vermißte = 2,2 v. H. wurden gezählt, 88 Männer, Frauen und Kinder fielen den Tieffliegger- und Bombenangriffen zum Opfer.

Von den Vermißten ist später eine kleine Zahl noch aus Kriegsgefangenschaft zurückgekehrt.

Im März 1945 erlebte die Bevölkerung die letzten Nachhutgefechte der führerlos gewordenen Truppe im Mosel- und Hunsrückland. Denkt man zurück, so bleiben jene Kriegsmonate unvergeßlich, in denen feindliche Tieffliegger das Leben lähmten. Man erlebte es oft genug, wie die Bauern und Winzer, die Frauen und Kinder Schutz in den Ackerfurchen vor dem fast unaufhörlichen Beschuß suchen mußten, der schließlich so stark wurde, daß es nicht mehr möglich war, Feld und Acker, Garten und Wingert zu bestellen. So mußte, auf die Dauer gesehen, der Kreis

Zell, der sich durch seine Landwirtschaft in normalen Zeiten selbst ernähren konnte, zu einer kaum noch produzierenden Wüstenei werden. Solange Bahnen und Straßen einigermaßen intakt waren, konnten unter zwar ungewöhnlich erschwerten Umständen und meist nur in nächtlichen Stunden, die erforderlichen Lebensmittelrationen von auswärts herangeholt werden. Aber auch das hörte auf, als die Bombenangriffe auf die Verkehrseinrichtungen, vor allem auf die Ellerer und Bullayer Brücke, einsetzten. Es ist von deutscher Seite geschätzt worden, daß allein auf die Bullayer Brücke und ihre nahe Umgebung mehr als 2000 mittel- und schwerkalibrige Fliegerbomben niedergingen, bis sie zusammenbrach und damit jeder Eisenbahnverkehr zum Kreis Zell hin lahmgelegt wurde. - Nach zuverlässigen Bekundungen haben in den damaligen Tagen des Jahres 1945 Auslandssender die Zahl der Bomben auf sogar 4000 Stück angegeben. - So wird es auch verständlich, daß die Weinbaugemeinde Bullay und die Nachbardörfer im gesamten Kreisgebiet weitaus am stärksten beschädigt wurden, und daß ihre Einwohner tagelang in die Wälder flüchteten, um dem drohenden Tod zu entgehen.

Die einzige Bahnverbindung war damals innerhalb des Kreises die Moselbahn, der es nicht vergessen werden soll, daß sie ihren Verkehr von Bullay nach Trier solange aufrecht hielt, wie es überhaupt möglich war.

Jeder Verkehr des Kreises Zell mit der Außenwelt war nach der Zerstörung der Bahnstrecke unterbrochen. Die bäuerliche Arbeit ruhte fast ganz. Im kleinen Hunsrückdorf Liesenich gingen allein neun Häuser und zwölf Stallungen und Scheunen, durch Tieffliegergeschosse getroffen, in Flammen auf. Die Brennstoffversorgung kam zum Erliegen. Die deutschen Truppen fluteten zurück. Lebensmittelvorräte waren trotz des Kartensystems bald völlig erschöpft. Es bedurfte ungeheurer Anstrengungen und übermenschlichen Einsatzes der verantwortlichen Beamten der Kreisverwaltung und auch der Privatinitiative, in der Nachtzeit Mehrvorräte und sonstige Nahrungsmittel von auswärts in den Kreis zu bringen. Als ein Geschenk in großer Not empfand man es, daß auf dem Eisenbahngeleise zwischen Neef und Bullay ein militärischer Proviantzug, der durch die Brückeneinstürze nicht mehr vorwärts noch rückwärts fahren konnte, von einsichtigen militärischen Kommandostellen zur Versorgung der Zivilbevölkerung des Kreises zur Verfügung gestellt wurde. Durch Fliegerbeschuß getötetes Vieh wurde in kleinen Rationen verteilt.

Einzug der Amerikaner

Die Kampffront rückte mit jedem Tage näher heran. Artilleriegeschosse richteten in den Städten und Dörfern nicht unerhebliche Schäden an. In den Morgenstunden des 13. März wurde die alte Bogenbrücke, die die Stadtteile Traben und Trarbach verband, gesprengt. Wenige Tage später ging das Kreisverwaltungsgebäude in Zell in Flammen auf. Tatkräftige Männer, die den Brand hätten löschen können, standen nicht zur Verfügung, die Frauen versuchten es vergebens. Alles brannte aus. Wertvolle Archivbestände wurden ebenso vernichtet wie die Vorgänge über die laufenden Verwaltungsarbeiten. Der schwere Geldschrank der Verwaltung lag in der schwelenden Glut. Er konnte später gerettet und sein Inhalt unbeschädigt geborgen werden. - In diesen Tagen zwischen dem 10. und 15. März 1945 wurde das gesamte Kreisgebiet von amerikanischen Einheiten besetzt. Alles schwebte in völliger Ungewißheit. Zwar hörte das Kellerleben der Kreisbevölkerung auf. Eine geregelte Verwaltung war aber nicht mehr vorhanden. Größte Sorge bereiteten zunächst der Fortgang der Lebensmittelversorgung, des Familienunterhalts und der Fürsorge. - Dr. Melsheimer, Traben-Trarbach, übernahm die Leitung der personell in alle Winde zerstreuten Kreisverwaltung. Der amerikanische Kommandant fragte ihn: „Sind Sie Nazi?" - Auf die Verneinung kam die Antwort: „Dann ernenne ich Sie zum Landrat des Kreises, zum Bürgermeister ihrer Stadt, zum Chef der Post und der anderen Behörden." Da Dr. Melsheimer durch seinen Aufenthalt in Amerika die englische Sprache beherrschte und sehr wohl die Mentalität der Amerikaner kannte, konnte manche schwierige Lage durch gemeinsame Verhandlungen gemeistert werden. Es ist festzuhalten, daß in der ersten Zeit der Besatzung nennenswerte Übergriffe, trotz der verschiedenen Einstellung der Truppen seitens der Amerikaner im Kreisgebiet nicht erfolgten und gemeinsam gegen Plündernde vorgegangen wurde. In Traben-Trarbach wurde der Verkehr zwischen den beiden Stadtteilen durch eine Pionierfähre aufrecht erhalten.

Verwaltungsaufbau

Das Kreisverwaltungsgebäude in Zell lag in Schutt und Asche. Und doch fanden sich nach mehreren inoffiziellen Zusammenkünften Männer der Kreisverwaltung zusammen und bauten vom 23. März 1945 an, auf die verschiedensten Dienstgebäude verteilt, wieder den Kern der Verwaltung auf. Dr. Melsheimer sicherte sich die Mitarbeit des durch seine kommunalpolitischen Fähigkeiten allgemein anerkannten Landrats Dr. von Stein. Am 26. März

erschien sodann eine amerikanische Militärkommission und gab die ersten Anweisungen über zu treffende Verwaltungsmaßnahmen im Kreisgebiet, so vor allem Feststellung der Geldbeträge bei den Banken und Kassen, der Vorräte von Lebensmitteln, über noch anwesende Soldaten und fremdvölkische Arbeiter.

Am 1. April 1945 erfolgte die endgültige Einrichtung einer Militärregierung im Gebäude des Finanzamtes in Zell. Anschläge von Bekanntmachungen regelten das öffentliche Leben. Das politische Vorleben der Deutschen wurde überprüft, die Ausgehzeit für die Bevölkerung zunächst für die Zeit von 7 bis 19 Uhr festgelegt. Erfreulicherweise spielte sich die Zusammenarbeit zwischen Kreisverwaltung und Militärregierung verhältnismäßig gut ein.

Ablösung durch Franzosen

So vergingen in schweren Zeiten die Wochen. Ein geregeltes Leben und ein schneller Aufbau waren schon deshalb nicht möglich, weil die Isolierung des Kreisgebietes durch die Zerstörung der Verkehrswege und aller Bahn- und postalischen Einrichtungen bestehen blieb. Die Versorgungslage war noch lange Zeit außergewöhnlich kritisch. Immerhin regten sich hier und da wieder fleißige Hände zur Arbeit. Das Bild im Kreise aber war im allgemeinen trostlos.

Im Juli 1945 wurden die Kräfte der Amerikaner durch französische Besatzungseinheiten abgelöst. Der Tag der Kapitulation war längst vorbei. Schon bald empfand die Bevölkerung den Unterschied in der Form des Besetzungsregimes. Die Franzosen zogen die Zügel wesentlich straffer an. Der Kampf um

Kastellaun im Hunsrück wird am 16. März 1945 durch Einheiten der 5. US-Inf.-Division besetzt.

Am 5. Januar 1945 wurde bei einem Angriff auch das katholische Krankenhaus in Simmern getroffen. Zum Glück gab es hier nur zwei Schwer- und mehrere Leichtverletzte, da die Patienten fast alle im Luftschutzkeller waren. Die Bomben galten dem Eisenbahnknotenpunkt.

das Schreckgespenst Hunger ging allenthalben weiter. Und doch rührten sich überall trotz unsagbarer Schwierigkeiten Kräfte, die sich mit Energie dem allmählichen Wiederaufbau widmeten. Die gemeindliche Selbstverwaltung im Kreis und den Gemeinden lief verhältnismäßig gut an. Neue Männer saßen auf ungewohnten Posten.

In Traben-Trarbach wurden schon 1945 die ersten Pläne für einen neuen Brückenbau geschmiedet. Einheimische Bürger wurden zu den Aufräumungsarbeiten hinzugezogen. Naturgemäß unterlag die Mehrzahl der amtlichen Verfügungen den Kontrollgesetzen der Militärregierung. Aber das Leben ging doch wieder seinen gewohnten Gang. Die Weinberge und Felder wurden größtenteils wieder bestellt. Die Rieslingrebe hatte in der Zeit des Niedergangs und der mangelhaften Pflege, von Pilzen und tierischen Schädlingen befallen, eine einzigartige Bewährungsprobe bestanden. Schon 1947 brachte sie einen hervorragenden Jahrgang hervor.

Die in privater Hand liegenden Industriebetriebe auf dem Hunsrück, die in der Zeit des völligen Zusammenbruchs nur notdürftig aufrecht erhalten werden konnten, begannen wieder zu arbeiten. Im größten von ihnen, der Möbelfabrik Michael Felke in Sohren, wurden wertvolle Spezialmaschinen beschlagnahmt. Aber auch dieser Schock wurde überwunden. Moderne Arbeitsmethoden wurden eingeführt und neuzeitliche Maschinen in die Betriebshallen gesetzt.

Letzte Kriegstage im Hunsrück

Am 15. März rückten die amerikanischen Truppen von der Mosel her gegen den Hunsrück vor. Es kam zu Gefechten mit Angehörigen der SS-Gebirgsdivision in der Nähe von Buchholz und Pfaffenheck und im Kreis Simmern zur Verteidigung Beltheims, wo in Richtung Burgen eine provisorische Panzersperre errichtet worden war. Hier wurden neben deutschen Einheiten auch Russen (Hilfswillige oder Versprengte der Wlassow-Armee) eingesetzt, die am 10. März unter dem Kommando russischer Offiziere in Heyweiler, Beltheim und anderen Orten Quartier bezogen hatten. Neben vielen Deutschen fielen hier auch Russen. Die Kriegsgräber bei Buchholz, Pfaffenheck und auf den Friedhöfen der Dörfer erinnern noch heute an die Kämpfe.

Ein Hauptmann gab auf

Es ist das Gespräch eines vorgeschobenen deutschen Beobachters, eines Hauptmannes, verbürgt, der an der Straßenkreuzung Burgen-Beltheim Artilleriefeuer auf die vorrückenden Panzer lenken sollte, das Sinnlose dieses Widerstandes aber einsah und dem Befehl seines Generals, der wahrscheinlich seine Befehlsstelle in Laubach hatte, nicht mehr nachkam, sondern sich ergab. Das Gespräch wurde von einem Heyweilerer Einwohner, in dessen Keller sich die Telefon-Vermittlung befand, mitgehört. Kastellaun, das am 29. 12. 44, 2. 1. 45, 2. 2. 45, 25. 2. 45 unter schweren Luftangriffen, die auch Todesopfer forderten, zu leiden hatte, wurde am 14. März unter Artilleriebeschuß genommen. Der Ort war mit Panzergräben und -sperren zur Verteidigung eingerichtet, die Bevölkerung zum großen Teil in die Wälder geflüchtet, wo sie in primitiven Hütten und Bunkern hauste. In der Nacht zum 16. März verließen die deutschen Truppen den Ort und um 10.30 Uhr am 16. März standen die ersten amerikanischen Panzer auf dem Marktplatz. Von der

Burgruine wehte die weiße Fahne. Die Feuerwalze ging in Richtung Völkenroth-Kappel weiter.

Vom 7. - 11. Juli erfolgte die Ablösung der Amerikaner durch französische Einheiten. Auf dem Marktplatz und vor dem Amtsgebäude wehte die Trikolore, die von den deutschen Männern zu grüßen war. Die von den Besatzern beschlagnahmten Häuser boten nach ihrer Rückgabe ein Bild des Grauens. In dem bekannten Hotel Benz z. B. waren die Möbel zu Kleinholz zerhackt, die Waschbecken heruntergerissen, die Toiletten zerschlagen. Die Kellertreppe diente als Latrine.

Feuerwehr rettete Simmern

Die Hauptstadt des Hunsrücks, Simmern, hatte während der letzten Kriegsmonate fast täglich unter Angriffen von Jagdbombern zu leiden. Es ging um die Zerstörung von Straßen und Bahnanlagen. Ein großer Teil der Bevölkerung lebte Tag und Nacht in einem riesigen ehemaligen Eiskeller. Am Nachmittag des 15. März wurde die Stadt selbst mit Bomben und Bordwaffen angegriffen. Gefährliche Brände entstanden. Trotz weiteren Beschusses löschte die Freiwillige Feuerwehr und wurde so von den aus Richtung Laubach einrückenden amerikanischen Panzern überrascht. Als durch Panzerbeschuß ein Haus in Brand geriet, fuhr auch hier die Feuerwehr inmitten der amerikanischen Kolonnen auf, um 11 im Keller eingeschlossene Menschen zu retten. Es gelang nicht, da die Panzer die Löschschläuche immer wieder überwalzten. Seiner Feuerwehr hat Simmern es zu verdanken, daß an jenem Unglückstag nicht ganze Stadtviertel abbrannten.

Auf dem Soonwald

Nach dem 15. März zogen sich geschlossene deutsche Verbände im Raume Gemünden zusammen und richteten sich auf den Höhen des Soon und Lützelsoon zur Verteidigung ein. Die Zivilbevölkerung suchte mit ihren wichtigsten Habseligkeiten in den Schieferstollen Schutz. Am Abend des 15. März ging das Arbeitslager am Fuße des Koppensteins in Flammen auf. Vor Mitternacht begann Artillerie Gemünden zu beschießen. Einige Gebäude wurden vollkommen vernichtet, andere beschädigt. Am Morgen des 18. März wurden die Simmerbachbrücken unter- und oberhalb des Ortes und bei Gehlweiler durch deutsche Truppen gesprengt. Am Mittag des gleichen Tages rückten amerikanische Truppen in Gemünden ein.

Frauen retteten Schloß

Der Botschafter Franz von Papen hielt sich auf Schloß Gemünden auf. Er wurde in der Nacht vom 15. zum 16. März auf höheren Befehl über den Rhein gebracht. Das Schloß erhielt vier Artillerietreffer, und die Bewohner waren großen Drangsalierungen ausgesetzt, nicht nur von durchmarschierenden amerikanischen Soldaten. Von Kirchberg kommende Zwangsarbeiter witterten in dem Schloß große Beute und suchten es zu stürmen. Freifrau von Salis-Soglio organisierte mutig mit Frauen eine Verteidigung. Sämtliche Fenster wurden besetzt, Steine gestapelt und mit einer Schreckschußpistole und Steinwürfen der Anschein erweckt, als verfügten die Verteidigerinnen über eine handfeste Artillerie. Dazu radebrechten die Frauen englisch und täuschten so eine alliierte Besatzung vor.

Der Nachbarort Mengerschied, in dem sich deutsche Truppen festgesetzt hatten, entging dem fürchterlichen Schicksal, durch einen Bombenteppich ausgelöscht zu werden. Die Bomber waren am Morgen des 18. März schon im Anflug. Da amerikanische Erdtruppen zu dieser Zeit aber bereits im Ort waren und ihre Flieger durch Leuchtsignale davon unterrichteten, unterblieb die Bombardierung. Beigetragen zu dieser Rettung haben auch wesentlich jene Männer, die, den nutzlosen Widerstand erkennend, die Panzersperren geöffnet hatten.

Totenglocke für Schlierschied

Zu einem der schwersten Kämpfe kam es auf dem Hunsrück um das Dorf Schlierschied. Deutsche Truppen sollten bis zum 19. März, 4.30 Uhr, am Lichtenberg den Rückzug decken. Am 18. März gegen 3 Uhr rollten von Gemünden 8 amerikanische Panzer in das Dorf. Am Ausgang nach Woppenroth erhielten sie Feuer. Daraus entwickelte sich bis 18 Uhr ein Artillerieduell, das die Amerikaner für eine halbe Stunde unterbrachen, dann mit 14 Panzern zurückkamen, wild in das Dorf schossen, von ihrer Artillerie aus Richtung Haghügel, Laienberg, Gehlweiler, Gemündener Steinbruch, Rohrbach, Dickenschied (wo der im Konzentrationslager umgekommene Pastor Schneider wirkte) und Kirchberg unterstützt. Die Phosphorgeschosse setzten ein Gebäude nach dem anderen in Brand. Gegen 20.30 Uhr wütete in Schlierschied ein Feuermeer, das Vieh und alle Habe der Einwohner, die anfangs unter Todesverachtung versucht hatten, ihr Dorf zu retten, verschlang. Die aus dem brennenden Kirchturm stürzenden Glocken kündeten um 22.30 Uhr die Todesstunde des Dorfes. Am 19. März gegen 4.30

Uhr ließ der Beschuß nach. Ein rauchender Trümmerhaufen war übrig geblieben. Die Kämpfe im Vorderhunsrück werden in einem gesonderten Kapitel geschildert.

Den so schwer getroffenen Einwohnern kamen die Nachbardörfer zu Hilfe. Kleider, Wäsche, Getreide, Saatgut wurden zur Verfügung gestellt, durch Vermittlung des Amtsbürgermeisters Baracken herangeschafft. In wochenlanger Arbeit wurde unter Mithilfe der Dörfer Rohrbach und Woppenroth der Brandschutt abgefahren. Was in den folgenden Jahren von Schlierschiedern beim Aufbau ihres Heimatdorfes geleistet wurde, zeigt, welch zäher Menschenschlag hier zu Hause ist. Heute sind die zerstörten Gebäude längst wieder aufgebaut.

Der Hunsrücker Schriftsteller Walter Merten geht in seinem Buch „Solange noch die Wälder rauschen" ebenfalls in zahlreichen Kapiteln auf den Zweiten Weltkrieg ein und bringt u. a. Flugblätter und Aufrufe der damaligen Machthaber an die Bevölkerung im mittelrheinischen Raum. Das Heimatbuch (320 Seiten) erschien im Selbstverlag W.Merten, 5401 Emmelshausen.

Ein Simmerner schrieb 1955 in der Hunsrücker Zeitung u. a.: „Gestapo und SD des Dritten Reiches hatten es sicherlich verstanden, Schrecken und Furcht zu verbreiten, und die NKWD der Bolschewisten bürgt geradezu für ein Programm des Terrors. Wer nun geglaubt hatte, die westlichen Demokratien würden sich bei der Besetzung Deutschlands ähnlicher Instrumente enthalten und durch die Macht ihrer Ideen zu überzeugen versuchen, sah sich bitterlich getäuscht - auch auf dem Hunsrück. Gab der US-Geheimdienst CIC bei seinem kurzen Gastspiel nur die Ouvertüre, zeigte die Sureté den

Auch russische Freiwillige kämpften in den deutschen Verbänden beiderseits der Mosel. Sie trugen zum Teil noch ihre Helme der Roten Armee.

Hunsrückern schlagend, wie sie sich den Neuaufbau der aus den Fugen geratenen Welt dachte. Daß sich über unsere Heimat neben den materiellen Entbehrungen und seelischen Nöten eine finstere Wolke der Angst, des Mißtrauens senkte, verdanken wir jenen Deutschen, die mit Beschuldigungen von Landsleuten - beileibe nicht der Nationalsozialisten allein - die Besatzer bombardierten, weil sie glaubten, im Schutze der Besatzungsmacht irgend ein Pöstchen ergattern zu können. Auch die noch im Dienst befindlichen deutschen Beamten, die mit allen Mitteln versuchten, des Chaos Herr zu werden, mußten sich immer wieder gegen diese Verdächtigungen zur Wehr setzen. Viele dieser denunzierenden und spitzelnden Typen sind verschwunden, so geheimnisvoll wie sie auftauchten. Aber das ändert nichts an der Tatsache, daß im Stadium der Demontage Deutsche den Zusammenhalt ihres verführten

und gedemütigten Volkes zerstörten.

Und für uns, die wir davongekommen sind, ist es ein schwacher Trost, daß zu jener Zeit, da der Schrott so hoch im Kurs stand, eben auch der menschliche Schrott glaubte, er sei das Maß der Dinge. Daß sich die Heimat von diesem moralischen Tiefschlag erholt hat, ist mindestens ebenso hoch zu rechnen, wie der trotz aller Schikanen erarbeitete materielle Wiederaufbau.”

Wiederaufbau der Verwaltung

Als am 15. März die amerikanischen Truppen die Kreisstadt Simmern besetzten, mußte die Kreisverwaltung ihre Tätigkeit einstellen. Das Kreishaus wurde Truppenunterkunft. Zur Sicherung der Ernährung wurde einige Tage nach der Besetzung ein Notdienstbetrieb des Landratsamtes im Bürgermeisteramt Simmern eingerichtet. Der erste Bericht der Kreisverwaltung an die Besatzungsmacht datiert vom 25. März. Am 10. 4. 45 nahm der in allen Kreisen der Bevölkerung angesehene Rechtsanwalt Jülich, der leider 1954 verstarb, als Landrat den Wiederaufbau der Verwaltung in Angriff, nur unterstützt von wenigen Beamten, die die politische Säuberung überstanden. Er mußte am 1. 9. 1946 gehen, weil er den Franzosen nicht tragbar erschien. Bis zum 27. 3. 1947 war die Stelle unbesetzt, dann trat Landrat Goebel seinen Dienst an. Er wurde am 31. 3. 1950 nach Mainz versetzt, und am 10. 5. 1950 nahm Landrat Güngerich die Leitung des Kreises in die Hand.

Amt Kirchberg

Mit welchen Problemen sich die unter dem Druck der Besatzung stehende deutsche Verwaltung herumschlagen mußte, mögen folgende Daten und Stichworte ins Gedächtnis zurückrufen: Am 12. 4. 45 liegt ein alarmierender Bericht über räubernde Ostarbeiter vor. Besonders im Amt Kirchberg ist die Unsicherheit groß. Am 23. 4. 45 beschäftigt sich ein Schreiben des damaligen Simmerner Bürgermeisters Fuck mit dem Aufbau der Arbeitsverwaltung und des Amtsgerichtes. Am 24. 5. 45 wird der Veterinärdienst wieder erlaubt und am 22. 6. 45 genehmigt die Militärregierung die Einrichtung eines Kurierdienstes der Post für die Beförderung amtlicher Schreiben. Der persönliche und geschäftliche Postverkehr ist ausdrücklich untersagt, ebenso die Benutzung der bisherigen Wertzeichen. Am 23. 6. 45 werden unpolitische Versammlungen genehmigt, und mit Datum vom 23. 6. 45 trifft die erste Verfügung des Regierungspräsidenten aus Koblenz ein.

Beschlagnahmungen, Abgaben

Am 26. 6. 45 wird die Wiederinbetriebnahme der Dampfziegelei Nannhausen genehmigt und die Stromsperren für die Bevölkerung gelockert und am 12. 7. 45 aufgefordert, alle Waffen, Ferngläser und Photoapparate abzuliefern. Im Juli 1945 geht die Besatzungsmacht an die Franzosen über. Dabei wurde ein französischer Adjutant von Amerikanern bei einem Wortwechsel angeschossen. Er starb wenige Tage später. Die neuen Herren beschlagnahmten am 4. 8. 45 zunächst einmal alle Lager von Druckpapier. Auflagen, Abgaben hageln nun am laufenden Band. Am 6. 9. 45 wird auch für Simmern ein Kreiskommissar der politischen Polizei ernannt, der die Entnazifizierung in Gang bringt.

161 Wohnungen requiriert

Am 20. 6. 1948 waren im Kreise Simmern an Wohnraum beschlagnahmt: 161 komplett eingerichtete Wohnungen, 473 Einzelzimmer, weiter 2 Verwaltungsgebäude, 11 Garagen, 2 Tankstellen. Allein in der Stadt Simmern waren davon 128 Wohnungen und Einzelzimmer ihren Besitzern einfach über Nacht entzogen worden. Diese fristeten in Dachkammern oder bei Verwandten und Bekannten ein kümmerliches Dasein und mußten zusehen, wie das in mühseliger Lebensarbeit ausgebaute Häuschen von der Besatzung und ihren Familien verwohnt wurde.

Am 1. Juli 1946 bekommt der städtische Normalverbraucher 1307 Kalorien, ein Jahr später waren es nur mehr 1069, im September 1947 wurde ein Tiefstand mit 788 Kalorien erreicht.

Wie ein roter Faden zieht sich durch die Berichte der Kreisverwaltung der nackte Kampf ums Dasein, um Ernährung, Heizung, Bekleidung. Aber es wird auch gesagt, daß man von einer derart darbenden Bevölkerung keine Begeisterung für die Politik oder die Umerziehung zur Demokratie erwarten könne. Im Juni 1947 zeichnet sich der Zusammenbruch der Ernährung ab. Die Schlachtviehauflagen drohen, die Viehzucht des Kreises, das Herzstück der Landwirtschaft, zu vernichten. Die Betriebskontrollen und die rigorosen Auflagen treiben die Bauern in Verzweiflung und Apathie. Eine Radikalisierung droht, die Demokratie hat einen schweren Schlag erlitten. Für Ehrenämter will sich keiner zur Verfügung stellen. Bürgermeister bieten den Rücktritt an, da sie es nicht mit ihrem Gewissen verantworten können, zur Erfüllung des Ablieferungssolls beizutragen. Der Kartoffelkrieg des Jahres 1947 beginnt.

Kleinbauerntum ringt um Zukunft

Als kurz nach dem Ende der Kampfhandlungen sich über den Hunsrück Scharen vom Hunger gepeinigter Menschen ergossen, um oft ihre letzten Wertgegenstände gegen Kartoffeln und andere Lebensmittel einzutauschen, wurde eine Kluft zwischen Stadt und Land aufgerissen, die lange Zeit nicht geschlossen wurde. Oftmals unter militärischer Bedeckung wurden Keller, Speicher und Ställe geleert. Raubüberfälle auf einzelstehende Gehöfte (z.B. Weißmühle bei Pleizenhausen) waren nicht selten. Die Felder waren ausgelaugt, da es Dünger und gutes Saatgut nicht gab. Kein Nagel, keine Pflugschar gab es ohne Fett und Eier. Dauernde Kontrollen hielten die Bauern in Furcht und Schrecken. Die Erträge der Felder

sanken rapide ab, Zuchtvieh fehlte. Der Bauer sah den Ruin von Tag zu Tag näher auf sich zukommen. Dazu die Scharen der von Dorf zu Dorf pilgernden Städter, deren Rucksäcke von der Besatzung oder „deutscher" Polizei auf der Heimfahrt nur zu oft geleert wurden. Mancher wird sich an die Szenen auf dem Bahnhof Boppard erinnern. So war es nicht, daß der Bauer hohnlachend Klaviere kassierte, die er mit ein paar Pfund Kartoffeln bezahlte. Gerade auf diesem Gebiet dürfen Einzelfälle nicht verallgemeinert werden. Die Masse der Hunsrücker Bauern half, und wenn die Kreisverwaltung Simmern in ihrem ersten Verwaltungsbericht nach dem Zusammenbruch feststellt: „Bei dieser Gelegenheit muß die bäuerliche Bevölkerung des Kreises für die in den schweren Jahren vorbildlich bis an die Grenze des Möglichen erfüllte Ablieferungspflicht nochmals der besondere Dank der Kreisverwaltung ausgesprochen werden", darf man diesem Satz wohl Glauben schenken.

Rheinböllen und Kirchberg

Wer heute durch Rheinböllen geht, wird es nicht glauben, daß um diesen wichtigen Straßenknotenpunkt 1945 schwer gekämpft wurde. Viele neue Gebäude sind inzwischen entstanden. Und vor vierzig Jahren?

In der Nacht vom 15. zum 16. März verließen die deutschen Verbände den Ort bis auf eine kleine Einheit der Waffen-SS, die am Westrand in Widerstandsnestern Stellung bezog. Von Kastellaun über Kisselbach, Liebshausen kommend, erreichte die amerikanische Panzerspitze am 16. März um 9 Uhr morgens die Nähe des Friedhofes. Als einer der US-Panzer abgeschossen wurde, entfalteten sich die anderen zum Angriff. Artillerie deckte die Ortsausgänge zum Rhein ein. Die ersten Häuser am Nordrand gingen in Flammen auf. Panzerkanonen fielen ein und vernichteten 15 Gebäude der Wehrstraße, weitere 11 innerhalb des Ortes wurden ebenfalls zerstört. Die 1332 erstmals erwähnte evangelische Kirche brannte bis auf die Grundmauern nieder, das katholische Gotteshaus wurde schwer beschädigt. Die Bewohner des Ortes waren am frühen Morgen mit dem notdürftigsten Gepäck in tief in den Felsen gehauene ehemalige Bierkeller an der Dichtelbacher Straße geflüchtet. So kam allein ein alter Landwirt in den Flammen um. Weitere Verluste gab es in den Waldungen am Volkenbacher Weiher, wo Tiefflieger die zurückgehenden Truppen verfolgten.

Der Ort bot einen schaurigen Anblick. Er war in ein schwarzes Qualmmeer gehüllt, aus dem meterhoch die Flammen schlugen. Das Vieh brüllte in den Ställen, soweit es nicht schon erstickt war, Rettung war nicht mehr möglich, da die Wasserleitung unterbrochen war und der Kampf immer noch tobte; 30 Familien waren obdachlos geworden. Am 17. März mußten fast alle noch intakten Häuser für die US-Truppen geräumt werden.

Unverdrossen aber machten sich die so schwer geprüften Einwohner ans Werk. Die evangelische Kirche wurde bereits 1949 wieder eingeweiht. Allein die Gemeinde brachte für den Wiederaufbau in 9 Monaten 15.000 Mark auf.

Angst vor „Werwolf"

Für Kirchberg, das während des Krieges einen Feldflugplatz hatte, kamen die kritischen Tage am 16. und 17. März. Die deutschen Truppen fluteten über die Dickenschieder Straße zurück und wurden am 16. März von schweren amerikanischen Panzern, die an den Schönborner Fichten aufgefahren waren, beschossen. Es gab erhebliche Verluste. Die Stadt selbst wurde von Fliegern angegriffen. Das als Lazarett eingerichtete und als solches gekennzeichnete Lager des weiblichen Arbeitsdienstes wurde dabei zerstört. Menschenverluste gab es hierbei zum Glück nicht. Durch Bomben und Artilleriebeschuß brannten die Scheune des Gastwirts Fuchs und das gesamte Anwesen Bohn (Saalbau und Gastwirtschaft) ab. Am Mittag des 17. März rückten die Amerikaner, von Kappel kommend, unter Beachtung größter Vorsichtsmaßnahmen in die Stadt ein. Die Panzersperren waren von beherzten Einwohnern vorher geöffnet worden, zum Glück für die Stadt, die sonst, wie sich später herausstellte, dem Erdboden gleichgemacht worden wäre. Viele Häuser mußten sofort geräumt werden. Alle Männer ab dem 16. Lebensjahr hatten sich am Abend an der evangelischen Schule einzufinden, in die sie bis zum anderen Morgen eingesperrt wurden. Die Amerikaner hatten Angst vor dem „Werwolf", (eine Art NS-Widerstandsgruppe) der jedoch in dieser Gegend überhaupt nicht in Erscheinung trat. Schwer hatte die Bevölkerung unter den Raubzügen der in einem Sammellager auf dem Flugplatz untergebrachten Fremdarbeiter zu leiden, bis die Amerikaner diesem Treiben ein Ende setzten.

Schwere Stunden im Soonwald

Notizen aus dem Tagebuch des Soldaten Willi Kramp: 18. März: Unsere Batterien verschießen letzte Granaten und sprengen dann die Geschütze. Die Einheit macht sich fertig zum Stellungswechsel. Schwarzerden im Soonwald, zwischen Kirchberg und Kirn, ist erreicht. Im ersten Haus des kleinen Ortes wird um Unterkunft für Verwundete nachgesucht. Die Familie zeigt volles Verständnis, lehnt aber jedes Einziehen durch andere militärische Einheiten ab. Der Einheitsführer läßt eine Rot-Kreuz-Flagge an der zur Straße weisenden Hauswand anbringen. Am Himmel schwirren feindliche Aufklärer und leiten das Feuer der amerikanischen Artillerie. Granaten schlagen im Ort ein. Zwischen Feuerpausen erscheint die Frau des Hauses und betreut uns mütterlich, schafft Essen herbei und eine Flasche Wein; vielleicht die letzte. Da der Beschuß an Stärke zunimmt, will man uns in den sicheren Keller schaffen; dieses lehnen wir ab. Es verabschieden sich noch von mir Kameraden. Straßer und Kranisch sind die letzten am Feind. Mit Panzerfäusten feuern sie noch auf den vordringenden Gegner. Straßer sagt zu mir „Willi, in einer halben Stunde ist der Amerikaner hier." Wir nehmen Abschied und wünschen uns alles Gute.

Nach starkem Vorbereitungsfeuer dringt der Feind von mehreren Seiten langsam, zögernd in den Ort ein. Der Gegner traut der Rot-Kreuz-Flagge an dem Haus vor der Panzersperre nicht, die noch vor dem Einmarsch von Einwohnern beseitigt wird. Im Schutze der Panzer nähern sich drei amerikanische Soldaten. Ein Soldat, böse aussehend und voller Kampfgeist, hält uns die Pistole auf die Brust, dagegen geben sich die beiden anderen gutmütig, schenken uns Rauchwaren und fragen nach Wünschen, die wir vielleicht hätten. Die auf dem Tisch stehende Flasche Wein wird von ihnen erst angerührt, nachdem wir eine Probe entnommen haben. Vor dem Haus fährt inzwischen ein Panzer vor und gibt die Meldung per Funk durch: Dorf X eingenommen!

Nach Einnahme des Ortes erzählt uns die Hausfrau, daß am Dorfrand ein Offizier gefallen ist. Der Beschreibung nach konnte es nur der Batterieführer sein.

Durch Artilleriebeschuß ließen im Raum Schwarzerden mehrere Soldaten ihr Leben. Die Beisetzung erfolgte im gemeinsamen Soldatengrab auf dem Friedhof in Schwarzerden. Letzte Ruhestätte wurde nach Umbettung Pfaffenheck.

Unter strenger Bewachung verblieben wir weiter im Wohnzimmer der Familie M. Schwerverletzt brachte man noch den Funkmeister Walkowiak und einen Berliner, der schwere Bauchwunden hatte, zu uns. Gegen 23.00 Uhr fuhr ein Ami-Auto vor. In rasendem Tempo, auf kurvenreichen Straßen, ging es nach Mayen, wo die ersten notdürftigen Operationen erfolgten. Sanitätswagen (SanKa) nahmen eine größere Anzahl leicht- und schwerverwundeter Soldaten auf. Es ging nach Trier und von dort mit dem Flugzeug in die Gefangenschaft nach Swingdon (England). Soweit die Tagebuchnotizen von Willi Kramp.

Bei ihrem Vormarsch im Hunsrück kamen die Amerikaner durch Hinzert bei Hermeskeil, wo im Sonder-Durchgangslager 300 Häftlinge umkamen. Etwa 20000 Menschen, Juden, Luxemburger, Franzosen, Holländer, Belgier und Russen wurden durch dieses Lager zwischen 1940 - 1945 geschleust.

Ende am Rhein-Mosel-Eck

Die Tage und Nächte des März 1945 wird wohl niemand, der damals im Rhein-Mosel-Gebiet das Ende des Kriegsdramas miterlebte, mehr aus dem Gedächtnis verlieren. Die Söhne und Väter, die in jener Zeit an der Ostfront oder im Süden kämpften, oder bereits in alliierter Gefangenschaft waren, werden damals mit großer Sorge das Geschehen in ihrem engeren Heimatgebiet verfolgt haben, wenn sie - außer Gerüchten überhaupt etwas erfuhren.

Die Ufer des Rheins zwischen Mainz - Koblenz - Andernach - Remagen - Bonn - Köln und weiter nördlich wurden von den Amerikanern und Briten und weiter südlich auch von den Franzosen im März erreicht. Remagen fiel am 7. März, am 9. März waren die US-Verbände in Andernach, am 17. März wurde die City von Koblenz besetzt. Fast um die gleiche Zeit hatten George Pattons Panzertruppen den gesamten Hunsrück fest in der Hand und die Rheinstädtchen in ihrer Gewalt. Oft war die militärische Lage ziemlich verworren. Deutsche Gruppen hielten noch in Eifel- und Hunsrückgemeinden aus, als in Koblenz längst Ruhe herrschte. Erst zehn Tage später, am 27. März, fielen auch die rechtsrheinischen Vororte von Koblenz, nachdem es vorher zu längeren Artillerieduellen zwischen hüben und drüben des Rheins gekommen war.

Wie entwickelte sich die Lage ab Herbst 1944? Nachdem die Alliierten an vielen Stellen den Westwall erreicht hatten, wurde das linksrheinische Gebiet am 11. September 44 zum taktischen Operationsgebiet der Wehrmacht erklärt. Viele Truppenteile zogen kreuz und quer durch die Lande und wurden an wichtigen Punkten „aufgefangen". Die meisten hatten nur noch einen vernünftigen Gedanken: Die letzten Stunden des Krieges zu überleben. Über Nacht wurde Koblenz für die Militärs wieder aktuell. Der alte und neue Oberbefehlshaber West, Generalfeldmarschall von Rundstedt, zog mit seinem Stab am 2. September in den Koblenzer Hof ein, schon am 5. 9. war der Stab in Arenberg und am 7. 9. in Höhr-Grenz-

hausen, später in der Nähe von Bad Nauheim. Er soll auch kurzfristig in Vallendar gewesen sein. Der Oberquartiermeister hatte sich zeitweilig in Niederlahnstein eingerichtet und das Luftwaffenkommando West war für kurze Zeit in Mayen, ab Ende September im Limburger Raum. Die hohen Truppenführer waren also zum Schluß wieder da, wo sie schon 1939/40 mit ihren Stäben in Koblenz residierten.

Ziel: Koblenz

Die Rhein-Mosel-Stadt wurde nunmehr mehr und mehr Ziel alliierter Bombenangriffe, vor allem im Zusammenhang mit der Ardennen-Offensive. Die Stadt war mit Flüchtlingen und Verwundeten überfüllt. Was jüngere und ältere Frauen und Kinder an Hilfe leisteten, zusammen mit Luftschutz, Feuerwehren und mit anderen Rettungsorganisationen kann gar nicht hoch genug veranschlagt werden. Ab September kamen die Menschen kaum noch aus den Luftschutzkellern, Bunkern und Stollen heraus. Vor allem die Verkehrsknotenpunkte, Brücken, Bahnhöfe im gesamten Regierungsbezirk Koblenz waren mit die wichtigsten Angriffsziele der US-Bomber und der Briten. Was hatte diese Stadt am Deutschen Eck zu leiden!

19. 9.: Schwerer Luftangriff, 25. 9.: U. a. Hotel Riesenfürstenhof zerbombt. Ganze Bombenteppichserien gingen nieder. Am 22. Dezember heißt es: 87 Tote in Güls, 19 Tote in Rübenach, 39 Tote in Moselweiß, davon 33 Polizisten im Keller der Salesianerinnen, der Volltreffer erhielt. „Ich erinnere mich mit Grausen noch an jene Stunden, Tage und Nächte, als wäre es gestern gewesen", erklärte Peter Malmen, damals Polizeibeamter und nach dem Kriege lange Zeit Polizeipräsident von Koblenz. Ständige Angriffe auch an Heilig-

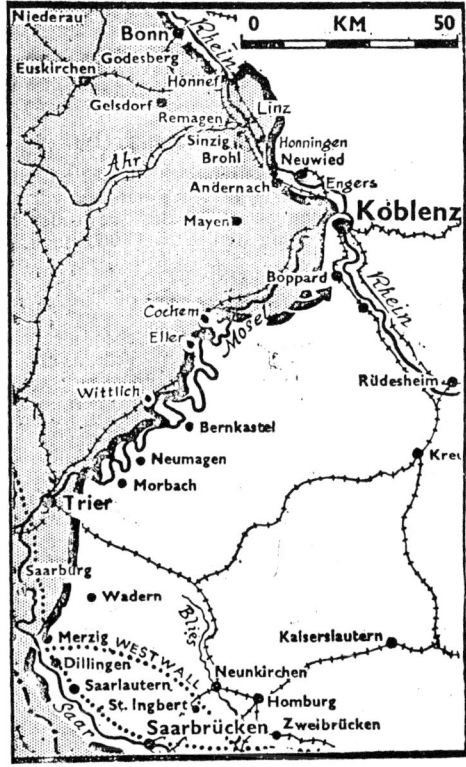

So bot sich die militärische Lage in den US-Nachrichten für die Truppe am 16. März dar. Das gesamte Gebiet nördlich der Mosel und westlich des Rheins war besetzt. US-Truppen waren auf dem Marsch durch den Hunsrück.

abend und an den Weihnachtstagen. Am 28. und 29. Dezember 1944 gab es den größten Einsatz der Bomber auf Koblenz und das Neuwieder Becken. In jenen Stunden wurden von der US Air-Force 12.639 Bomben von 530 Flugzeugen im Großraum Koblenz abgeworfen. Die Helfer des Luftschutzes, des DRK und der Feuerwehren von nah und fern waren pausenlos im Einsatz.

Ende September wurde mit der Evakuierung der Bevölkerung aus Koblenz begonnen. Die Versorgung mit Strom und Wasser machte immer mehr Probleme. Die Gauleitung der NSDAP (Nationalsozialistische Deutsche Arbeiter Partei) wurde zuständig für Aufstellung und Einsatz milizartigen Volkssturms, der aber nur in wenigen Fällen in Erscheinung trat. Die Männer hatten kaum Waffen. Leute von der Gestapo (Geheime Staatspolizei) und der SD (Sicherheitsdienst) fahndeten nach „Saboteuren", „Deserteuren" und „Staatsfeinden". Eisenbahn- und Straßenverkehr war meist nur noch nachts möglich. Die Rheinschiffahrt wurde ständig von Jagdbombern attackiert. Auf der Reede von Boppard-Bad Salzig glich der Rhein einem Schiffsfriedhof. Allenthalben sah man Schornsteine von untergegangenen Schiffen aus dem Strom als Pfeiler aufsteigen. Am 14. September wurden alle Schulen im Gau Moselland geschlossen. Im Januar 1945 waren über 70.000 Menschen aus dem Gaugebiet nach Thüringen evakuiert, davon ca. 40.000 Koblenzer Bürger. Der Koblenzer Helmut Schnatz, der jene schlimmen Monate teilweise selbst miterlebte, hat das dramatische Geschehen des Luftkrieges im Raum Koblenz 1944/45 in einem 592seitigen Buch (Boldt-Verlag, Boppard) zusammengefaßt. Das dokumentarische Werk, das auch amerikanische und britische Quellen einbezieht, dürfte einmalig in seiner Art sein, nicht nur für den Historiker sondern überhaupt jeden Rheinland-Pfälzer. Dem Buch zufolge erlebte und erlitt Koblenz im Kriege 37 Angriffe mit über 3700 viermotorigen Bombern. 867 Menschen erlitten in Koblenz den Bombentod, 301 Tote gab es in Mayen, 292 Tote in Nieder- und Oberlahnstein, 281 Tote in Neuwied. Festgebissen hatten sich die alliierten Bomberverbände an den mittelrheinischen Brücken in Koblenz, aber auch die Engerser Brücke, die Neuwieder Brücke und die Eisenbahnbrücke über die Wied bei Irlich waren zum Schluß Ziele der Angriffe. Unvergessen der Angriff am 6. November 44 auf Koblenz durch

Koblenz im Bombenhagel.

122 Lancasterbomber. Die Flak schoß ungezieltes Sperrfeuer. 541 Tonnen Bombenlast (laut Schnatz) wurden abgeworfen und durchpflügten erneut die Koblenzer Ruinen. Aufgrund der vorher gemachten Erfahrungen und da auch schon viele Koblenzer geflüchtet waren, standen auf der Verlustliste an diesem Tage „nur" 96 Tote.

Ab Januar 1945 war Koblenz eigentlich eine tote Stadt, in der die Zurückgebliebenen dahinvegetierten. Luftwarnung bestand eigentlich immer. Am 1. Januar sammelte sich zum letzten Mal die deutsche Jägerwaffe (davon zwei Geschwader über Koblenz) zum Überraschungsangriff auf alliierte Flugplätze in Belgien und Südholland. Der Einsatz wurde ein Fehlschlag. Die offenbar nicht überall informierte deutsche Flak schoß über 100 eigene Maschinen ab. Einige beschädigte deutsche Jagdmaschinen mußten beim Rückflug auf dem Flugfeld Koblenz-Karthause, das kein Einsatzfliegerhorst war, notlanden.

Zu den jungen Piloten, die damals diesen Einsatz mitflogen, gehörte der damals 21jährige Fähnrich im Jagdgeschwader 27, der spätere rheinland-pfälzische Justizminister Otto Theisen. Er berichtete jetzt über jenes „Unternehmen Bodenplatte" bei dem rund 900 Flugzeuge der deutschen Jagdwaffe ihren Todesflug antraten u. a.:

Nach kurzer Zeit hatten wir Brüssel erreicht. Wir umflogen den Platz, der leicht auszumachen war, zunächst in Richtung Stadt. Über Brüssel zogen wir hoch und ließen uns nacheinander auf den Platz Melsbroek fallen. Mit Bordkanonen und Maschinengewehren wurden die Maschinen, die noch so standen, wie sie auf dem Luftbild zu erkennen waren, beschossen. Beim zweiten und dritten Anflug standen Platz und Hallen bereits in hellen Flammen.

Nach mehreren Anflügen drehten wir ab auf Heimatkurs. Wir hatten den Auftrag, uns auf eigene Faust durchzuschlagen. In der Nähe von Eindhoven wurde ich trotz Tiefflug von Flak-Feuer empfangen. Von diesem Zeitpunkt an habe ich keine Erinnerung mehr.

Wie man mir später im Lazarett erzählte, wurde ich von Flak abgeschossen, schlug mit meiner Maschine auf und wurde - noch angeschnallt in meinem Sitz, der sich offenbar beim Aufschlag gelöst hatte - viele Meter von der Maschine entfernt aufgefunden. Meine „Beule" soll nach diesem Bericht verbrannt sein

Ich erwachte erst wieder am 10. Januar 1945 in einem kanadischen Frontlazarett bei Turnhout, wo ich in pflegerischer und medizinischer Hinsicht optimal betreut wurde. Der englische Chirurg, Dr. Cowell aus Newcastel on Tyne, versorgte mich besonders liebevoll.

Vier Wochen vor dem Ende in Koblenz wurde am 13. und 14. Februar die Totenglocke für Dresden geläutet. Die Bomber der Briten und Amerikaner flogen in dichten Pulks über den Mittelrhein Richtung Sachsen. Man spricht von 135.000 Menschen, die in jenen Stunden in Dresden umkamen.

... dann schoß die Artillerie

Der verstorbene Stadtarchivdirektor i. R. Dr. Hans Bellinghausen gehörte zu den vielen Opfern der ersten Denunziations- und Entnazifizierungswelle. Mit vielen Koblenzern schmachtete er im Nagelsgassenbunker und wanderte dann von Lager zu Lager. Warum, weshalb? Damals wurde nicht viel gefragt. Eine ordentliche Rechtsprechung gab es nicht; als Archivdirektor Dr. Bellinghausen, gebrochen an Leib und Seele, auf seinen Arbeitsplatz im Rathaus zurückkehrte, schrieb er die Geschichte der Besetzung von Koblenz. Bereits für das Dokumentarwerk „Koblenz einst und jetzt", das 1949 herausgegeben wurde, trug er alle Einzelheiten der letzten Kriegstage in anschaulicher Form zusammen. Er schrieb u. a.: Ab Ende September 1944 sitzen die Zurückgebliebenen Tag und Nacht in den Kellern und Bunkern. Eine Hauptzufluchtsstätte ist der große Felsenbunker unter dem Ehrenbreitstein, der zehntausend Menschen Schutz gewährt. Die Einwohner von Horchheim eilen bei Luftgefahr in den dortigen Eisenbahntunnel. Tagtäglich rechnet man mit einem weiteren Vorrücken der Alliierten. Doch es geschieht vorerst nichts.

Dafür aber wälzt sich die große Menge der deutschen Flüchtlinge mit ihrem Anhang zum Rhein. Bewohner der deutschen Grenzbezirke kommen unter höchster Luftgefahr auf Last- und Pferdewagen, die mit ihrer Habe bepackt sind, durch die Stadt. Während des ganzen Oktober werden fast täglich große, aus den westlichen Grenzbezirken kommende, Rinderherden durch die Stadt getrieben.

Die Wehrmachtskommandantur verlegt ihre Dienststelle aus der Ursulinenschule in den bombensicheren Turm des Fort Konstantin hinter dem Hauptbahnhof. Zahlreiche Sperrballons stehen über den Rhein- und Moselbrücken. Koblenz wird allmählich eine leere Stadt. Ein Bombenangriff folgt auf den anderen. Man unterscheidet jetzt fünf Alarmstufen: 1. öffentliche Luftwarnung (Verkehr geht ungehindert weiter); 2. Fliegeralarm (Verkehr geht ebenfalls noch weiter); 3. akute Luftgefahr (Luftschutzmäßiges Verhalten ist Pflicht); 4. Vorentwarnung

(Wiederaufnahme des Verkehrs); 5. endgültige Entwarnung. Es gibt Tage, an denen die Alarme überhaupt nicht mehr abbrechen. Die Zahl tausend der Alarme ist längst überschritten. Gas-, Wasser- und Lichtleitungen funktionieren schon seit langem nicht mehr. Verstört und gehetzt sitzt die Bevölkerung in den Kellern und Bunkern. Öffentliche Küchen versorgen die Hungernden mit Brot und Eintopfgerichten. Kaum hat man Zeit, die Toten zu begraben. Der Friedhof ist von Bomben zerwühlt.

Bald ist auch die Stadt ein einziger großer Trümmerhaufen. Kriegsgefangene der verschiedensten Nationen werden mit Aufräumungsarbeiten in den Straßen beschäftigt. Eine Gruppe Inder ist beim Abtransport von Möbeln eingesetzt. Dauernd fallen in den nächsten Wochen die Bomben, und das deutsche Ferngeschoß „V 1" zieht seine Bahnen. Abgehärmt und hoffnungslos verbringt die Bevölkerung den Weihnachtsabend in den kalten Bunkern und Kellern, während draußen der Tod umgeht und heftige Bombenangriffe, die durch die deutsche Offensive in den Ardennen ausgelöst wurden, die Stadt abermals wieder in Flammen setzen. Niemals ist wohl inbrünstiger die Weihnachtsbotschaft „Friede auf Erden" als Notschrei der gequälten Menschheit zum Himmel gerufen worden als in diesen Tagen und Nächten. Am 29. Dezember belegt ein fünfundzwanzig Minuten dauernder Angriff die Stadt nochmals mit einundsechzig Bombenteppichen. Trostlos und unter dem Alpdruck dauernder Luftgefahr beginnt das neue Jahr 1945.

Am 18. Januar erfolgt der Befehl zur vollständigen Evakuierung der zerstörten Stadt. Die Stadtverwaltung verläßt das durch Bomben beschädigte Rathaus und bezieht mit ihren sämtlichen Abteilungen den großen Hochbunker

Amerikanische Infanterie besetzt das einstige Koblenzer Polizeipräsidium am Ring.

Nur noch das Chaos blieb in Koblenz übrig: Im Hintergrund die Herz-Jesu-Kirche.

an der Nagelsgasse. Außer der Wehrmacht halten sich von jetzt ab fast nur noch Menschen, die in den verschiedensten Arbeitsorganisationen eingesetzt sind, in der Stadt auf. Das Leben dieser Zurückgebliebenen hat mit einem zivilisierten Dasein nichts mehr zu tun. Die Nahrungsmittelversorgung ist mangelhaft und setzt oft tagelang aus. Man betäubt sich mit Alkohol. Jeder weiß, auch wenn er es nicht zugibt, daß der Tag nicht mehr fern ist, an dem die Front über die Stadt hinwegrollen wird.

Nach dem Scheitern der deutschen Ardennen-Offensive stand den Armeen der Alliierten der Weg zum Rhein offen. Doch dauerte es noch mehr als zwei Monate, bis sie sich zum Generalangriff in Bewegung setzten. Von der holländischen Grenze bei Goch bis an die Mosel bei Trier standen jetzt nebeneinander die Panzerdivisionen der 9., 1. und 3. amerikanischen Armee. Die 3. amerikanische Armee unter dem Oberbefehl des Generalleutnants George S. Patton rückte durch die Eifel auf Koblenz heran.

Die Bauern der Ortschaften des Neuwieder Beckens pflügten linksrheinisch unter den Bogen der über sie hinwegfliegenden amerikanischen Artilleriegeschosse mit Genehmigung der Amerikaner ihre Felder und besorgten die Frühjahrssaat. Fast vierzehn Tage dauert dieses Artilleriefeuer an, das jenseits des Rheines und der Mosel große Schäden anrichtet.

Am 10. März erfolgt die Besetzung der Koblenzer Vororte links der Mosel. Die ersten Panzer rollen über die Trierer Straße nach Koblenz-Lützel und zum Neuendorfer Eck. Schon vorher sind sämtliche Koblenzer Rhein- und Moselbrücken von der deutschen Wehrmacht gesprengt worden. Sie verstärkt auch ihre Stellungen auf dem rechten Moselufer. Damit rückt die Moselfront der Stadt in die vorderste Kampflinie. Die seit Mitte Januar in dem nahe der Mosel gelegenen Nagelsgassenbunker untergebrachte Stadtverwaltung muß diesen Platz verlassen. Sie zieht um in den großen Bahnhofsbunker. Besonders gefährdet ist auch das unmittelbar am Moselufer gelegene Städtische Krankenhaus Kemperhof, das mit zwei großen Bunkern ausgestattet ist. Da sich hier unter dem Kommando eines Leutnants eine Wehrmachtsabteilung festgesetzt hat, kann der Kemperhof nicht mehr als ein unter dem Schutz des Roten Kreuzes stehendes Krankenhaus oder Lazarett angesprochen werden, obwohl sich hier außer den Ärzten und dem Pflege- und Verwaltungspersonal noch über dreihundert Kranke befinden. Auch zahlreiche Einwohner von Moselweiß haben hier Zuflucht gesucht. Am 12. März wird bekanntgegeben, daß auch Moselweiß restlos geräumt werden müsse. Die meisten politischen Leiter der NS-Partei setzen sich nach Osten und nach Bayern ab.

Übergabe oder Tod

Für den Angriff auf den Raum von Koblenz sind die Panzerdivisionen der 3. Armee unter dem Befehl des Generalleutnants George S. Patton angesetzt. Am 16. März meldet der britische Rundfunk, daß die Amerikaner die Mosel bereits an mehreren Stellen überschritten haben und in schnellem Vormarsch den Hunsrück überqueren. Über die Hunsrückhöhenstraße über Emmelshausen - Pfaffenheck - Waldesch rücken sie auf Koblenz heran. Gleichzeitig verkündet schon in Amerika die „New York Times": „Koblenz wird in wenigen Stunden fallen. General Patton setzte starke Kräfte sechs Kilometer westlich von Koblenz um 3

Deutsche Landser, den Wahnsinn des weiteren Widerstandes einsehend, ergeben sich im
März 1945 kurz vor der Einnahme von Koblenz, an der Gülser Moselbrücke.

Amerikanischer Beobachtungsposten in den Koblenzer Rheinanlagen hinter dem Görres-
denkmal.

Uhr früh über die Mosel. Nach einem kurzen Ultimatum „Übergabe oder Tod", das durch Lautsprecher an die deutsche Besatzung gegeben wurde, behämmerte die Artillerie der 3. Armee die Stadt Koblenz mit fünftausend Granaten. Durch Luftdruck einer einschlagenden Granate wurde das Denkmal Kaiser Wilhelms I. zerstört." Hubert Hermans, einst Staatssekretär in Rheinland-Pfalz, war Augenzeuge.

In den frühen Morgenstunden des 17. März rücken amerikanische Truppen von den Höhen des Stadtwaldes zur Rheinuferstraße hinab und dringen zunächst auf Oberwerth und in die südliche Vorstadt vor. Gleichzeitig setzen unter dem Schutz künstlichen Nebels bei Güls, oberhalb der gesprengten Eisenbahnbrücke, amerikanische Pioniere auf Sturmbooten mit Außenbordmotoren Infanterie über die Mosel. Der deutsche Widerstand auf der Moselweißer Seite ist nur schwach. Stoßtrupps der 87. Panzerdivision dringen in Moselweiß ein. Hier entwickeln sich Straßengefechte, bei denen es auf beiden Seiten Tote gibt. Zahlreiche deutsche Soldaten geraten in Gefangenschaft. Bereits um 9 Uhr stehen die amerikanischen Stoßtrupps am Krankenhaus Kemperhof und dringen zunächst in den Westbunker ein. Hier war es inzwischen Verkehrs- und Hafendirektor Franz Lanters, der von dem letzten kommissarischen Oberbürgermeister Dr. Gorges mit der Wahrnehmung der Interessen der Stadt beauftragt worden war, gelungen, die deutschen Bunkerkommandanten davon zu überzeugen, daß Widerstand nutzlos wäre. Direktor Lanters, der perfekt englisch spricht, ging daraufhin den Amerikanern als Parlamentär entgegen und erreichte, daß die Besetzung des Kemperhofes ohne Blutvergießen erfolgte und daß sogar an den Eingängen des Krankenhauses amerikanische Posten aufgestellt wurden, die ein erneutes Eindringen nach-

rückender Truppen in das Krankenhaus verhinderten. Die deutsche Besatzung, die die Waffen niedergelegt hatte, geriet in Gefangenschaft.

Ohne Pause dringen die Amerikaner in Richtung auf die Stadt vor. Bald ist der große Hochbunker des Krankenhauses Marienhof erreicht, der ebenfalls geschont wird. Die jenseits des Rheines auf den Höhen bei Ehrenbreitstein und Pfaffendorf stehende deutsche Artillerie stört durch dauernde Feuerüberfälle das Vordringen der Amerikaner und verhindert, daß sie an diesem Tage das eigentliche Stadtgebiet völlig besetzen. Erst am anderen Tage, dem 18. März, einem Sonntag, tasten sich die Späh- und Stoßtrupps durch die Trümmer der zerstörten Straßen bis zum Rhein vor. Unterstützt werden sie durch die jenseits der Mosel bereits bis zum Neuendorfer Eck vorgedrungenen Truppen. Schon an diesem Tage richtet sich das Vorkommando der amerikanischen Militärregierung im Kemperhof und später im Berghotel Rittersturz ein. Die Militärpolizei nimmt ihre Tätigkeit auf. Direktor Lanters wird von den Amerikanern zum Bürgermeister ernannt. Er tritt sofort sein schwieriges Amt an, unterstützt von seinem Stellvertreter, dem damaligen Stadtinspektor Josef Schnorbach, und einem kleinen Stab entschlossener Männer und einiger Frauen, während Stadtamtmann Johannes Schmitz und sein Stellvertreter, Stadtsekretär Otto Braun, mit den Ärzten, Schwestern, Beamten und Angestellten ihre nicht unterbrochene Tätigkeit im Kempferhof fortsetzen. Dauernd beunruhigt an diesem und an den folgenden Tagen die deutsche Artillerie von den rechtsrheinischen Höhen her durch Feuerüberfälle und Streufeuer das Leben in der Stadt, auch schießen die deutschen Maschinengewehre in die Straßen und stören jeglichen Verkehr. Nicht wenige der Koblenzer Zivilpersonen, Männer und Frauen, die sich nicht aus der Stadt hatten evakuieren lassen, müssen dabei ihr Leben lassen. Andererseits fordern die Einschläge der amerikanischen Artillerie in den rechtsrheinischen Stadtteilen, insbesondere in Ehrenbreitstein, manches Opfer.

Die letzten Tage

Der spätere Koblenzer Oberbürgermeister Josef Schnorbach besaß ein vergilbtes Tagebuch. Es waren Aufzeichnungn, wie sie jeder kennt, ganz gleich, an welcher Front er im Kriege stand - ob er draußen im Schützengraben lag oder in der Heimat die Strapazen des Luftkrieges auf sich nehmen mußte. Die Schrift war unklar, oder anders gesagt, sie war so gut, wie man halt in Bunkern, Kellern und Erdlöchern schreiben konnte. Als die Stadtverwaltung Koblenz in Richtung Thüringen verließ, blieben wenige Männer und Frauen hier, um die Interessen der Bürgerschaft gegenüber den nun einrükkenden Truppen zu vertreten. Aus den Tagen, da die Stadtverwaltung Koblenz verlassen hatte und die Bevölkerung verängstigt in den Bunkern saß und einem ungewissen Schicksal entgegensah, stammen die Tagebuch-Aufzeichnungen Schnorbachs:

Dienstag, 6. März: 19 Uhr Luftlande-Alarm von einer Stunde. Große Aufregung im Bunker Oberwerth. Die Nacht verlief sonst ruhig.

Mittwoch, 7. März: Besichtigung des von der Stadt für die Kriegsgefangenen in Neuendorf eingerichteten Lagers. Besprechung mit dem Lagerleiter wegen Sicherstellung der Lebensmittel für die Bevölkerung. Die Kriegsgefangenen, die bisher bei der Enttrümmerung im Stadtgebiet beschäftigt wurden, haben Koblenz verlassen. Nach-

mittags flogen die Balduin- und die Eisenbahnbrücke über die Mosel in die Luft.

Donnerstag, 8. März: 2 Uhr Beginn des Artilleriebeschusses auf Koblenz. Die Lebensmittel vom Ausländerlager und Proviantmagazin Neuendorf für die Bevölkerung und die Angehörigen der Stadtverwaltung, soweit im Bunker Nagelsgasse, wurden sichergestellt. Da Möglichkeit, die Lebensmittel über die Brücken zu schaffen, nicht mehr bestand (die alte Moselbrücke war bereits gesprengt), versucht, die Lebensmittel über die Mosel in die Stadt zu bringen.

Mittwoch, 14. März: Das Moselufer wurde bis zum Deutschen Eck in einer Tiefe von 300 Metern zur Kampf- und Sperrzone erklärt. Der Bunker Nagelsgasse mußte von der Bevölkerung und somit auch von der Stadtverwaltung geräumt werden.

Donnerstag, 15. März: Die Stadtverwaltung zog in den Bahnhofsbunker ein. In der Nacht zum Freitag starker Beschuß der Stadt.

Freitag, 16. März: 16.30 Uhr bisher stärkster Beschuß des Stadtgebietes. Die Stadt ist tot! Die Straßen sind leer! Soweit noch Teile der Bevölkerung vorhanden (im eigenen Stadtgebiet etwa 4000), halten sie sich in Bunkern oder in den Keller auf. In der Nacht zum Freitag schwere Detonationen, Sprengungen von Bahnanlagen?

Samstag, 17. März: Oberbürgermeister Dr. Gorges ist mit den wehrfähigen Männern der Stadtverwaltung in der Frühe des Samstagmorgen abgerückt nach Pfaffendorf. - Die Amerikaner nähern sich Koblenz von der Mosel her und aus dem Stadtwald von Waldesch. Gegen Mittag drangen die ersten Amerikaner in Moselweiß ein. Der Karthäuserhof und die Höhe der Karthause wurden in den frühen Nachmittagsstunden besetzt. Am Nachmittag bis gegen Abend hin starker Beschuß, vor allem Maschinengewehrfeuer. Am Nachmittag Besuch beim Kampfkommandanten. Mein Eindruck: Abzug der Truppen wird vorbereitet! Es war tatsächlich mein letzter Besuch. - Die Stadtverwaltung befindet sich jetzt im Bahnhofsbunker. Es ist kaum möglich, den Heimweg zum Oberwerth - meiner Wohnung - anzutreten. Der Weg liegt unter starken Beschuß.

Sonntag, 18. März: Passions-Sonntag. Schöner, sonniger Morgen. Der Feind beschießt schon früh morgens die rechte Rheinseite, die bereits seit einigen Tagen unter viel stärkerem Ari-Beschuß lag als das eigentliche Stadtgebiet. In der Stadt entstanden in der Nacht durch Beschuß mehrere Brände. Schaden nicht groß. Nicht mehr möglich, zum Bahnhofsbunker zu gelangen. Feind rückt von der Römerstraße her vor. Um 10 Uhr auf Oberwerth die ersten Amerikaner gesichtet. 10.15 Uhr betritt der erste amerikanische Soldat den Bunker auf Oberwerth. Die Amerikaner benahmen sich sehr korrekt und haben niemand behelligt. Die Bevölkerung, die sich im Bunker aufhielt, durfte diesen zunächst nicht mehr verlassen, später Ausgangsfreiheit bis 18 Uhr gewährt. Den ganzen Tag werden deutsche Soldaten als Gefangene eingebracht. Pfaffendorf und Horchheim liegen unter starken Beschuß. Von deutscher Seite nur schwache Erwiderung.

Montag, 19. März (Joseftag - mein Namenstag): Noch nicht möglich, zum Bahnhofsbunker zu gelangen. Wir versuchten es, wurden in der Sachsenstraße auf Veranlassung der Amis zur Rückkehr gezwungen. In der Gegend des Bahnhofs starkes Maschinengewehrfeuer. Dort kämpften versprengte deutsche Truppen.

Dienstag, 20. März: Noch nicht möglich, in die Stadt zu kommen. Erneut zurückgewiesen! Gegen 10 Uhr erneuter Versuch. Wir beschafften uns Rot-Kreuz-Armbinden und gelangten unbehelligt in die Stadt.

Im Rathaus traf ich Direktor Lanters, der nunmehr die Verwaltung leitete. Ich war sein Stellvertreter. Wir wurden bekannt gemacht mit dem amerikanischen Befehlshaber, Capt. Hollis.

Samstag, 24. März: Besatzung stellt fortlaufend Wünsche und Forderungen. Bevölkerung wird registriert. Jeder muß zum Rathaus. Von jedem Fingerabdruck. - Beschießung von Ufer zu Ufer geht weiter. Es geraten wieder Häuser in Brand, u. a. der Karthäuserhof und ein Haus in der Nähe der Mainzer Straße in der Nähe der Oberwerthbrücke. - Für die Bevölkerung wird Ausgangszeit von 7 bis 18 Uhr festgesetzt. - Bevölkerung sucht, soweit sie in die Stadt gelangen kann, wieder ihre Wohnungen auf. Sonst spielt sich das Leben noch in und um die Bunker ab. - Ab 19 Uhr alle im Bunker.

Sonntag, 25. März (Palmsonntag): Erstmalig wieder in der Kirche. In der Nacht war starker Ari-Beschuß nach der rechten Rheinseite, Tagsüber heftiges Maschinengewehrfeuer. Von deutscher Seite wird das Feuer nur schwach erwidert. Starke Fliegerverbände fliegen über den Rhein.

Mittwoch, 28. März: Heute erfahre ich: 26. März haben die Amerikaner auf der rechten Rheinseite Fuß gefaßt. In der Nacht auf Dienstag starke Detonationen auf der rechten Rheinseite zu hören. Sprengten unsere Truppen die Munition? Gestern, Dienstag, mit Direktor Lanters zum erstenmal mit dem Kommandanten der Besatzung auf die linke Moselseite nach Metternich, Lützel, Neuendorf und Wallersheim. Wir mußten bis Winningen und dort die von den Amerikanern über die Mosel geschlagene Brücke benutzen.

„Ich übergab Koblenz"

Die Amerikaner fragten nicht lange und machten nach der Einnahme der Stadt Hafen- und Verkehrsdirektor Lanters zum ersten Bürgermeister von Koblenz nach dem Kriege. Sie akzeptierten damit den Vorschlag des letzten Oberbürgermeisters Dr. Gorges von Koblenz, der die Leitung der Stadt bei seiner Flucht dem damaligen Verkehrsdirektor und dem technischen Stadtinspektor Josef Schnorbach übertrug. Dr. Gorges machte vor dem Rückzug der Stadtverwaltung zwei Männer ausfindig, die ihm geeignet erschienen, die deutschen Interessen vor der Besatzung zu vertreten, Lanters war als Verkehrsdirektor lange im Ausland, beherrschte die englische Sprache und hatte auf der anderen Seite des großen Teiches viele

Freunde. Stadtinspektor Schnorbach galt als der rechte Mann, weil er die technischen Einrichtungen kannte und nicht belastet war. Aus seiner kurzen Amtszeit als Bürgermeister einer fast völlig zerstörten Stadt weiß Direktor Lanters zu berichten. Hier seine Worte: Oberbürgermeister Dr. Simmer wird in den ersten Februartagen 1945 eingezogen. Gauleiter Simon bestimmt den Oberbürgermeister der Stadt Trier, Dr. Gorges, zum Leiter der Stadt Koblenz. Dr. Gorges wohnt mit den Beigeordneten Fuhlrott und Hansmeyer im Krankenhaus Kemperhof. Dort wohnen auch eine Anzahl ausgebombter städtischer Angestellter. Ich liege nach einer Staroperation am linken Auge krank im Ostbunker des Kemperhofes. Laut Geheimverfügung des Reichsinnenministers haben sich alle Verwaltungen bei Annäherung des Feindes zurückzuziehen. Nichtbefolgung ist Landesverrat! Am 7. März ruft mich Oberbürgermeister Dr. Gorges zu sich und fragt:

Amerikanischer Spähtrupp am völlig zerstörten Koblenzer Löhrrondell.

„Gestattet es Ihre Krankheit, sich mit der übrigen Verwaltung zurückzuziehen?" - „Ich will unter keinen Umständen gehen. Ich bin Rheinländer und will meine Heimat nicht verlassen!" Das ist meine Antwort! Ich schwanke zwar, will doch niemand gern das Odium eines Landesverräters auf sich nehmen, doch entschließe ich mich, zu bleiben und erkläre gleichzeitig Dr. Gorges: „Ich werde, wenn die Verwaltung abrückt, sie so gut es geht, führen." Dr. Gorges antwortet: „Das ist das, um was ich Sie bitten will. Ich sprach bereits mit dem Stadtinspektor Schnorbach."

Am 12. März rückt der Rest der Verwaltung, soweit er noch vorhanden ist (ein großer Teil hat sich schon vorher in Sicherheit gebracht), aus und verläßt mit mehreren Autobussen Koblenz. Mittlerweile rücken die Amerikaner immer näher. Am 8. März erreichen sie die nördlichen Vororte von Koblenz und stoßen am 16. März bei Kobern über die Mosel und moselabwärts auf Koblenz vor. In der Frühe des 17. März dringen sie durch Moselweiß, während die deutschen Truppen noch eine Batterie auf der Karthause haben und von dort aus auf die amerikanische Vorhut schießen. Von den Metternicher Höhen feuern die Amerikaner. Um 9 Uhr erreichen die Amerikaner die Gegend des Krankenhauses Kemperhof. In den Krankenhausbunkern, die mit vielen hundert Kranken belegt sind, herrscht unbeschreibliche Aufregung, um so mehr, als sich eine Gruppe von deutschen Soldaten in den Bunkern aufhält. Der Widerstand der kleinen Gruppe, die überdies nur aus Halbgenesenden besteht und schlecht bewaffnet ist, wäre unsinnig und würde nur Schaden bringen. Der die Gruppe führende Leutnant sieht das ein und erklärt auf Drängen der Bunkerinsassen, er wolle sich ergeben, damit der Kampf nicht in das Krankenhaus hineingetragen werde. Ein Zurückziehen zur deutschen Linie ist nicht mehr möglich, da die Bunker allem Anschein nach umzingelt oder umgangen sind. Ich gehe daraufhin zusammen mit Amtmann Schmitz den Amerikanern entgegen und bitte den Oberleutnant, der die vorrückende Schützenkette befehligt, die Krankenhäuser zu schonen. Der Offizier sagt unter der Bedingung zu, daß die Krankenhäuser nicht verteidigt werden, daß sich die Soldaten in ihnen ergeben, daß keine Waffen in den Bunkern seien und ich mit meiner Person dafür hafte. Ich übernehme die Haftung und sage ihm, die deutschen Soldaten seien in einem Raum versammelt und die gesamten Waffen seien ebenfalls in einem Raum untergebracht. Die Amerikaner senden nur 10 Mann in den Ostbunker und nehmen die deutschen Soldaten gefangen und verschließen den Raum mit den Waffen. Auf meine Bitte stellen sie Posten vor die Bunker, damit die nachfolgenden amerikanischen Truppen nicht in die Bunker drängen. Kein Krankenzimmer wird von den Amerikanern betreten; die Kranken beruhigen sich bald.

Am 18. März werde ich um 10 Uhr von einem Offizier geholt und auf der Moselweißer Straße in ein zerschossenes Haus gebracht, wo anscheinend ein höherer amerikanischer Stab versammelt ist. Ungefähr zwei Stunden nimmt man mich in ein scharfes Verhör. Auf Fragen, wie stark die Verteidigung von Koblenz ist, ob zu erwarten sei, daß mit der weißen Flagge Mißbrauch getrieben werde, lehne ich die Antwort ab und erkläre: „Ich darf nichts tun, was den Amerikanern die Kriegsführung erleichtert!" Ich muß mich dann zurückziehen und unter Bewachung auf der Straße warten. Nach einiger Zeit werde ich wieder hereingerufen. Man erklärt mir: „Sie sind bis auf weiteres Bürgermeister der Stadt!"

Das Arbeiten mit der Militärregierung deprimiert. Jede Freundlichkeit oder sogar Freundschaftsäußerung ist vom Armeekommando untersagt. Einen Händedruck gibt es nicht. Man bietet sich zwar in den Büros die Tageszeit, doch auf den Fluren kennt man sich nicht. Die Haltung ist beiderseits eisig. Wir spüren von früh bis spät, daß wir die Besiegten sind. Dennoch muß gesagt sein, daß das Zusammenarbeiten mit den Amerikanern auch in mancher Hinsicht erfreulich ist, insofern, als man ihnen offen entgegentreten und seine Meinung verfechten kann. Sie sind sachlich, ehrlich, verachten Speichelleckerei und lassen oft merken, daß sie den Wunsch haben, die Stadtverwaltung zu unterstützen. Besonders Oberst Reed und Capt. Hollis lassen dies oft deutlich werden, wenn sie es auch nicht offen sagen. Immerhin gehen ihre Forderungen oft so weit, daß sie nicht erfüllbar sind. Die kurzen Termine, die sie setzen, sind oft mehr als rücksichtslos.

Die zurückgebliebenen Wohnungsuchenden werden durch ein schnell eingerichtetes Wohnungsamt (Leiter Rechtsanwalt Prengel) in diese Wohnungen eingewiesen, wobei sie eine Erklärung unterschreiben müssen, nach der sie sich verpflichten, Wohnung und Einrichtung pfleglich zu behandeln, und anerkennen, daß der eigentliche Inhaber das erste Recht auf die Wohnung hat.

Bald setzt die Rückwanderung der evakuierten Bevölkerung ein. Die meisten kommen in kleinen Kolonnen zu Fuß von Thüringen verwahrlost an. Es müssen Auffangstätten für die Rückwanderer geschaffen werden. Unter Mitwirkung der Militärregierung werden das Evgl. Stift und das Brüderhaus in Aussicht genommen. Die starke Rückwanderung läßt die Bevölkerungszahl in die Höhe schnellen und die Wohnungsnot größer werden.

Peter Altmeier berichtet

Als ich in den ersten Apriltagen 1945 von Ems, wo ich in den letzten Tagen des Krieges bei lieben Menschen einen Unterschlupf gefunden hatte, „per pedes" nach Koblenz zurückkehrte und

Eine Lagekarte vom 8. März 1945 aus den US-Nachrichten für die Truppe.

mich auf dem Ehrenbreitsteiner Bürgermeisteramt um einen Paß anstellte, ohne den man nach vorausgegangener Entlausung nicht über den Rhein kam, da wurde mir eröffnet, daß am gleichen Nachmittag eine wichtige Besprechung im Rathaus wegen der Ernährung stattfände, an der ich dann teilnahm.

Damit hatte ich meine politische Tätigkeit die seit der Nazi-Diktatur im Sommer 1933 lahmgelegt war, wieder aufgenommen. Der Eintritt in das neue politische Leben begann mit der Sorge um die Ernährung. Viele Wochen lang haben wir dann jeden Freitag zusammengesessen, um die auf sich allein gestellte Stadt, in die täglich die vertriebenen Bürger zurückfluteten, vor dem Schlimmsten zu bewahren. Eine irgendwie geartete zusammenhängende Verwaltung über den Stadtbereich hinaus gab es nicht. Jeder Kreis mußte für sich allein „wurschteln". So bestimm-

ten und sicherten wir also, auf uns allein angewiesen, die Wochenrationen bis die neuerrichteten übergeordneten Behörden, vor allem des Regierungspräsidenten, eine zusammenhängende Lebensmittelversorgung organisieren konnten.

Daneben ging das Mühen um eine Vertretung der Bürgerschaft gegenüber der amerikanischen Besatzung; um die Schaffung eines Bürgerrates, der trotz vieler Verhandlungen erst viel später gebildet werden konnte. In meinen Aufzeichnungen von damals heißt es über die Vorgeschichte des Bürgerrates u. a.: „Im Rahmen der seit Mitte April 1945 eingeführten Zusammenkünfte unserer Freunde kamen die Vorschläge zustande, die wir damals der amerikanischen Militärregierung wegen der Bildung eines Bürgerrates machten." Durch den Wechsel in der Besatzung im Juli 1945 wurde es allerdings Spät-

Wie schon einmal 1918 wehte 1945 ab Ende März auf der Festung Ehrenbreitstein wieder das Sternenbanner.

herbst 1945, bis der Bürgerrat als Vorläufer einer Stadtverordnetenversammlung zustande kam. Sein Leben war nur von kurzer Dauer. Es kam ja darauf an, nach zwölfjähriger Diktatur und jeglicher Unterdrückung demokratischen Lebens möglichst bald wieder zu politischen Parteien zu kommen, um durch sie eine demokratisch gebildete Vertretung der Bevölkerung zu schaffen. Dies konnte sich natürlich nicht auf die bis dahin hermetisch abgeschlossene Stadt beschränken, sondern mußte weitergehen. Wem das später als selbstverständlich erscheint, der mag sich daran erinnern, daß es damals überhaupt kein zusammengefaßtes Staatsgebilde mehr gab, weil zunächst die Besetzung und später die bedingungslose Kapitulation jegliche staatliche Organisation zerschlagen hatten.

Von Anfang an handelte es sich für uns vor allem auch darum, den Zusammenhalt mit dem Ganzen nicht zu verlieren, sondern - allen möglichen Bestrebungen zum Trotz - wiederherzustellen, was durch den Zusammenbruch verlorengegangen war.

Zum anderen berieten wir über Programm und Grundlagen für das neue politische Leben. Der Treffpunkt für meine politischen Freunde war viele Wochen lang die Amtsstube des 1954 verstorbenen, um das Koblenzer Geschehen hochverdienten Justizrats Henrich am Clemensplatz. Hier wurde die CDU in ihren Organisationen für die Stadt und für den Bezirk, in ihren ersten Männern, Vorständen und Satzungen geboren.

Ja, es war sehr schwer damals, in diesen ersten Monaten des neuen Beginnens. Es mußte vieles angepackt und geregelt werden, was heute - denkt man viele Jahre später daran zurück - nur noch wie ein Traum anmutet.

US-Geheimbericht Koblenz

Seine eigenen Verse kann man sich heute, vierzig Jahre später, über geheime Berichte machen, die die US-Armee kurz vor der Eroberung von Koblenz für den Dienstgebrauch fertigte und die im National-Archiv in Washington liegen. Peter Neu wertete sie aus in „Landeskundliche Vierteljahresblätter, Trier (Jahrgang 29, 1983, Heft 1). Darin heißt es in Auszügen:

Für die Einnahme der Stadt am Zusammenfluß von Mosel und Rhein ließ man sich in den amerikanischen Führungsstäben Zeit: 1983 besitzen wir aus amerikanischen Archiven sehr detaillierte Lageberichte über die sorgfältige Planung der Eroberung von Koblenz. Innerhalb eines Zeitraumes von einer Woche sammelte man zunächst alle möglichen Informationen und wertete sie aus, bevor man GIs (US-Soldaten) zum Sturm auf die Stadt antreten ließ.

Das 8. US Corps unter General Middleton stellte in seinem Hauptquartier am 14. März die bis dahin eingegangenen Meldungen über Koblenz in folgendem Bericht zusammen:

„Es hat den Anschein, daß die 159. Volksgrenadier-Division sich im Raum Koblenz-Karden auf das Südufer der Mosel zurückgezogen hat ... Viele Soldaten verschiedener Einheiten wurden in den letzten Tagen in Koblenz beobachtet, alle scheinen jedoch auf dem Durchmarsch zum Ostufer des Rheins zu sein. Es gibt keine Anzeichen für eine Truppenkonzentration zur Verteidigung der Stadt.

Bendorf: Flakstellungen; nach der Zerstörung des Eisenbahnknotenpunkts Koblenz-Lützel durch Bomben im Dezember 1944 wurden Flak-Batterien, die zur Verteidigung dieses Knotenpunktes eingesetzt waren, nach Bendorf verlegt..."

Ehrenbreitstein: Mit Ausnahme eines 250 m langen Tunnels, der als Luftschutzbunker genutzt wird, keine Anzeichen für die Anlage neuer Stellungen..."

Arenberg: Großes Munitionslager im Wald südlich Arenberg in Richtung Neuhäusel, V-Waffen-Abschußbasis im Wald östlich Arenberg, nördlich einer Straße..."

Diese Informationen erhielten die Amerikaner von verschiedenen ehemaligen französischen Gefangenen, die sich aus der Stadt in Richtung Front durchgeschlagen hatten. Unter den Informanten waren auch ein ehemaliger französischer Capitaine sowie ein holländischer Schiffer, der in der Rheinschiffahrt eingesetzt war. Der letzte Informant hatte sich noch am 9. März in Koblenz aufgehalten.

Mit diesen Nachrichten aber begnügte man sich keineswegs in den amerikanischen Befehlsständen. In zahlreichen Maifeldgemeinden trafen die Amerikaner auf Koblenzer Bürger, die ihre Heimatstadt aus Furcht vor den Bombenangriffen verlassen hatten. So ermittelten die Besatzungsbehörden in Ochtendung am 11. März Stephan W. aus Koblenz. W. hatte seine Heimatstadt erst am 7. März verlassen. Er gab auf Befehl zu Protokoll:

„W. beobachtete keine Verteidigungsanlagen in der Stadt, und am 7. März gab es keine Anzeichen dafür, daß die Zivilbevölkerung zum Bau von Panzergräben, Bunkern, Straßensperren herangezogen werden könne.

Lebensbedingungen in der Stadt: In der City ist fast kein Haus unversehrt. Die Hauptstraßen sind von Trümmern geräumt, Verkehr kann ohne Schwierigkeiten fließen. Schätzungsweise 10.000 Menschen in der Stadt.

Ehrenbreitstein: W. ist sicher, daß vor dem 7. März keine Anstalten unternommen wurden, die Bestückung der Festung auf moderne Kriegsführung umzustellen."

Aber immer neue Nachrichten trafen in den Befehlsständen ein. Vor allem die zahlreichen deutschen Gefangenen, die im Vorfeld von Koblenz gemacht wurden, konnten detaillierte Angaben zu den eingesetzten Verbänden beisteuern. So berichtet ein Gefangener, daß „am 7. März weniger als 300 Soldaten in den Baracken östlich des Rheins bei Koblenz waren, die meisten waren Mitglieder einer Genesungskompanie. Auf der Festung Ehrenbreitstein gab es zu diesem Zeitpunkt lediglich Flakabteilungen und eine Nachrichteneinheit".

Am 13. März berichtet ein gefangener deutscher Pionier des 600. Bataillons, daß verschiedene Pionier-Einheiten am 7. März nach Koblenz entsandt wurden, um eine Verteidigungsstellung rund um die Stadt anzulegen. Er sagt wörtlich: „Die Soldaten wurden durch Hitlerjungen und Volkssturmmänner verstärkt. Die Verteidigungslinie besteht aus Gräben, Straßensperren und Deckungslöchern."

Über die Zustände in der Stadt berichtet am selben Tage ein Gefangener: „Reste unserer 277. Volksgrenadier-Division hatten die Aufgabe, den Rheinübergang und den Rückzug der Einheiten bei Koblenz zu decken...

Vor einer Woche noch wimmelte es in der Stadt von Soldaten, aber alle gehörten verschiedenen Einheiten an. In der Unordnung versuchten alle, möglichst schnell auf die andere Rheinseite zu entkommen."

Am 15. März faßt man die bis dahin gesammelten Nachrichten über Koblenz im Gefechtsstand des 8. US-Corps zusammen. „Koblenz ist keine befestigte Stadt."

In deutschen Uniformen

Um eine noch bessere Kenntnis der Lage zu erhalten, organisierten die Amerikaner eine Geheim-Mission. Sie brachten an der Untermosel vermutlich bei Nacht ein erbeutetes deutsches Wehrmachtsfahrzeug auf die Hunsrückseite, besetzten es mit einigen deutschstämmigen Amerikanern, die in deutschen Uniformen und mit erbeuteten deutschen Papieren eine Erkundungsfahrt durchführen mußten. Der genaue Zeitpunkt der Fahrt ist in dem erhaltenen Bericht nicht angegeben. Nach der Rückkehr der Agenten in die amerikanischen Linien wurde folgender Bericht abgefaßt:

„Während der Fahrt auf der rechten Moselseite nach Koblenz beobachteten wir kleine Gruppen offensichtlich zusammenhangloser Soldatentrupps. Alle Trupps wurden an der Schiffbrücke in Koblenz zum Anhalten gezwungen. Wehrmachtsangehörige, die offenbar wiederum von SA-Männern überwacht wurden, kontrollierten alle Soldaten. An Ort und Stelle wurden neue Verbände zusammengestellt. Die hier reorganisierten Verbände müssen auf ca. 6000 Mann geschätzt werden. Auf der Straße Koblenz-Neuwied beobachteten wir zahlreiche Militär- und Zivilfahrzeuge. Unser Auto mußte an einer Stelle anderthalb Stunden warten, bevor es weiterging. An der Eisenbahnbrücke bei Neuwied sahen wir Flakstellungen auf beiden Seiten der Straße am rechten Rheinufer; dort waren auch 7 Freiluftballons, vier trugen einen Beobach-

tungskorb. In Neuwied selbst waren Einheiten des 999. Inf.-Regiments.

Auf der Fahrt von der Mosel über Koblenz - Neuwied - Asbach trafen wir auf viele deutsche Soldaten, die schlecht bewaffnet waren; viele trugen nur eine Pistole, ein Seitengewehr und Eßgeschirr, manche hatten weder Helme noch Feldgepäck. Fast alle Soldaten, mit denen wir sprachen, beklagten sich, daß ihre Offiziere sie verlassen hätten, sie hätten sich einfach mit ihren Autos aus dem Staub gemacht. Während der Fahrt wurden keine schweren Geschütze oder Panzer beobachtet."

Ein anderer Gefangener berichtet: „Nach meiner Meinung bereitet die Eroberung von Koblenz keine Schwierigkeiten, weil dort nur wenige Hindernisse zu überwinden sind, abgesehen von Artilleriestellungen östlich des Rheins und in der Festung Ehrenbreitstein." Man erhält genaue Nachrichten über die deutschen Truppenreste und ihre Positionen.

Am Abend des 17. März faßte das Corps-Kommando die Ergebnisse der Kämpfe um Koblenz zusammen: „Die 87. Infan.-Division traf in den Operationen zur Einnahme von Koblenz auf mäßigen Widerstand, etwa ein Drittel der Stadt ist besetzt. Ein schweres Gefecht fand am Morgen im Süden der Stadt im Bereich des Flugplatzes statt. Häuserkampf mit leichten bis mittelschweren Waffen wurde im Laufe des Tages aus einigen Stadtbezirken gemeldet. Deutsche Truppen, die bei Oberlahnstein versuchten, den Fluß zu überqueren, wurden unter Artillerie-Feuer genommen... Von 2 Selbstfahrgeschützen, die in der Innenstadt in Aktion waren, konnte eines zerstört werden."

In ihrem Bericht vom 1. April berichtet die 87. US-Infanterie-Division nur noch von vereinzeltem Widerstand. In dem letzten US-Bericht für den Zeitraum 18. März, 20.00 Uhr, bis 19. März, 20.00 Uhr, heißt es: „Nur geringer Widerstand in der letzten Phase der Eroberung von Koblenz. Stadt offiziell um 10.00 eingenommen."

Koblenzer Zeittafel für 1945

17. März: Amerikanische Truppen besetzen Koblenz

19. März: Die Stadtverwaltung beginnt unter Direktor Lanters, dem ersten Bürgermeister, ihre Arbeit. Aus 50 Polizisten, die sich im Bunker versteckt hatten, rekrutiert sich die neue Polizei.

22. März: Die Bevölkerung wird nach amerikanischer Methode registriert. Von jedem vier Fingerabdrücke!

13. Juni: Dr. Boden wird im großen Rathaussaal als Regierungspräsident von Koblenz vereidigt.

10. Juli: Die amerikanische Militärregierung wird durch die französische ersetzt.

3. Okt.: General de Gaulle besucht Koblenz.

26. Okt.: Gründung des Bürgerrates, der ersten Vertretung der Bürgerschaft, in Koblenz.

26. Nov.: Erste Sitzung des Bürgerrates im Rathaussaal.

Der Brückenkopf im Vorderhunsrück

Im März 1945 ging es überall im Hunsrück drunter und drüber. Zurückflutende deutsche Truppen, die immer wieder hart umstrittene Widerstandsnester bildeten, erreichten den Raum Alken, Brodenbach bis hinauf nach Burgen, den sogenannten Brückenkopf Brodenbach - Pfaffenheck - Boppard bildend. So wurde er in aufgefundenen Befehlen genannt, aus denen zu ersehen war, daß er bis zum letzten Mann verteidigt werden sollte. Auf den Höhen des Maifeldes standen schwere US-Geschütze aller Kaliber und zahlreiche Panzer, die den Übergang über die Mosel in diesem Raume vorbereiten sollten. Die erste Granate schlug am 11. März in das Moseldorf Burgen ein. Die ersten Verluste an Menschen und Gebäuden traten ein. Fähren an den Flußübergangen waren gesprengt und die vorhandenen Panzersperren geschlossen. Maschinengewehre bellten auf. Deutsche Artillerie auf den Höhen des Hunsrücks bestrich die Maifeldhöhe, und von der anderen Moselseite beantworteten amerikanische Artillerie und Panzer das Feuer. Eine Frau aus Ney war die erste Tote, ein Junge der erste Verwundete in Brodenbach. Am 13. März erreichte der Kampf um Brodenbach den Höhepunkt. Von allen Seiten, aus Richtung Hatzenport, Niederfell und natürlich dem Maifeld, wurden die Stellungen der deutschen Truppen auf den Höhen sturmreif geschossen, denn in der folgenden Nacht war der Übergang über die Mosel durch die Amerikaner geplant. Noch gegen 22 Uhr wurden unter schweren Verlusten der Amerikaner alle Übersetzversuche abgewiesen, bis dann schließlich unter dem massierten Feuer der Amerikaner an einigen Stellen der Übersetzversuch gelang. Über eine Schlauchbootbrücke rollten in ununterbrochener Folge Panzer auf Panzer. Immer mehr Übergänge wurden geschaffen. Die deutschen Truppen standen infolge der drückenden Übermacht auf verlorenem Posten.

Für die Bevölkerung kam nun eine furchtbare Leidens- und Schreckenszeit. Während die Kampftruppen zum

Stoß auf den zweiten Teil des Brückenkopfes Brodenbach - Pfaffenheck ansetzten, „wirkten" in den Ortschaften die Ersatztruppen und der Troß der Amerikaner. Man sperrte die Bevölkerung in Keller ein, um in Ruhe mit Handgranaten den Fischen im Brodenbacher Hafen zu Leibe zu rücken, drehte in verlassenen Wohnungen das oberste nach unten, ließ viel Wertvolles mitgehen und ertränkte im übrigen seine Sorgen im Moselwein. Der 19. März brachte endlich für die Bevölkerung die Befreiung aus ihren „Gefängnissen". Aber wie sah es in den Häusern und Höfen aus! Sämtliches Glas und Porzellan war zerschlagen. Kniehoch lagen in den Höfen die Scherben. Dazwischen Haustüren, Schränke, Tische, Stühle und Nähmaschinen. Dazu leere Weinflaschen. Die Bevölkerung aber wußte jetzt, warum man sie so lange in tiefen Kellern „in Sicherheit" gebracht hatte.

Nun folgte der zweite Teil des Dramas, das Geschehen um Pfaffenheck. Hier tobte ein Kampf, der von einigen hundert Soldaten der 6. SS-Gebirgsdivision Nord geführt wurde. Wie wichtig dieser Teil des Brückenkopfes für den Amerikaner war, mag deutlich aus einem aufgefundenen Befehl hervorgehen, in dem es hieß, daß für den Durchbruch zum Rhein im Falle größeren und stärkeren Widerstandes hier eine ganze Division angesetzt werden sollte. Der massierte Angriff mit schweren und schwersten Waffen, Panzern und Flugzeugen der Amerikaner erfolgte dann am 14. März gegen 6 Uhr morgens. Doch immer wieder wurden die Angreifer abgewehrt und eingedrungene Amerikaner herausgeworfen. Viermal wechselte an einem Tag das Dorf den Besitzer. Erst am 16. März gegen 10 Uhr morgens verließen die letzten fünfzehn Überlebenden der deutschen Truppen Pfaffenheck. Auf der Totenliste standen die Einwohner Josef Schunk, Vater

von vier Kindern und 96 Soldaten der Gebirgsdivision Nord. Daß nicht mehr Einwohner Pfaffenhecks den Tod fanden, ist einem Stollen zu verdanken, in dem sie in letzter Minute Aufnahme fanden. Das Dorf war zu 80 Prozent zerstört. Das Drama um den Brückenkopf Brodenbach - Pfaffenheck war zu Ende und damit auch bis auf wenige Ausnahmen die Kämpfe im Kreis St. Goar.

Dort oben aber, an der Hunsrückhöhenstraße am Ausgang der Ortschaft Pfaffenheck, liegt heute, wohlgepflegt und in treuer Obhut der Bevölkerung Pfaffenhecks und Udenhausens der große Ehrenfriedhof, auf dem die deutschen Soldaten ihre letzte Ruhestätte gefunden haben. Ein zweiter Ehrenfriedhof, auf dem weitere Soldaten ruhen, befindet sich nahe der Ortschaft Buchholz.

Die Gebirgsdivision

Alfred Steurich schrieb über die 6. Gebirgsdivision „Nord": „Sie war eine Kriegsschöpfung. Die Division wurde im Juni 1941 in Nordfinnland im Rahmen der späteren Lapplandarmee des Generals Dietl zunächst als „Kampfgruppe Nord" in eine Gebirgsdivision umgerüstet. Ihr bekanntester Kommandeur war General Kleinheisterkamp. Die Truppe der Waffen-SS setzte sich aus freiwilligen und gezogenen Soldaten aus dem Reichsgebiet einschließlich Österreich, aus Südtirol, den Balkanländern (Deutsche aus Ungarn und Rumänien), aus Norwegen (Ski-Btl. „Norge") und Soldaten verschiedener benachbarter Nationen zusammen.

Auf dem Wege von der Ruwerstellung zum neuen Bereitstellungs- und Einsatzraum an der Hunsrück-Höhenstraße blieben viele motorisierte Teile der

Versöhnung über Gräbern hinweg: Deutsche und amerikanische Kriegsveteranen, die sich im März 1945 im Vorderhunsrück kämpfend gegenüberstanden, beim Treffen Jahrzehnte später auf dem Soldatenfriedhof in Pfaffenheck/Hunsrück.

Division wegen Brennstoffmangel liegen. So war die Truppe schon stark geschwächt, ehe sie im Rhein-Mosel-Dreieck zum Einsatz kam.

Am 15. und 16. März 1945 kam es in der Achse Brodenbach - Boppard zu den schon beschriebenen schweren Kämpfen. Die Hauptlast hatte das I. Btl. des II. Jäger-Regiments zu tragen, das bereits am 14. nachts auf Alken vorgestoßen war, dort befehlsgemäß die amerikanischen Sicherungen am und auf dem Schafsberg eingenommen und besetzt hatte, sie gegen eine große Übermacht (bes. an schweren Kampfwaffen) einen Tag halten und die amerikanischen Übergangsbewegungen so vorübergehend gefährden konnte. Aber wer wußte damals zu diesem Zeitpunkt schon, daß die Amerikaner im Raum Alken - Treis bereits 14 Kampfbataillone übergesetzt hatten. Das I. Bataillon,

am Morgen des 15. März erschöpft zurückgekehrt, mußte wenig später schon in den Kampf um Schiebigeich - Pfaffenheck eingreifen. Es fiel - mit vielen seiner Soldaten der Kommandeur des I. Bataillons, Ritterkreuzträger Günter Degen.

Der Durchbruch der US-Kampfverbände zum Rhein konnte in diesem Raum verzögert werden. Die Leistung der Division wurde anerkannt. Der Wehrmachtsbericht vom 16. März meldete u. a. „Amerikanische Angriffe gegen Koblenz und Boppard wurden zum Stehen gebracht". Die Feindverluste waren hoch. Der Rückzug über den Rhein erfolgte am 17. und 18. März bis zum Morgen des 19. März. Die Division hielt auf einer verkürzten Linie einen Tag länger als von der Armee befohlen, um das Übersetzen großer Mengen angesammelter Heeresgüter, Waffen und

Munition - zahlreiche Verwundetentransporte nicht zu vergessen - in voller Ordnung bewältigen zu können.

Die 6. Geb.-Div. „Nord" hat in allen ihren Einsätzen, ob im hohen Norden, im Elsaß oder im Hunsrück, äußerst fair aber hart gekämpft und soldatisch stets korrekt gehandelt. Das weisen die Kriegstagebücher der ehemaligen Gegner und viele Zeugnisse der Bevölkerung nach. Man fand auch bei dem Prozeß in Nürnberg keinerlei Anhalte, um die Division überhaupt anklagen zu können". Soweit der Bericht von Alfred Steurich.

Ein Zeugnis aus dem Hunsrück-Raum mag für die Beurteilung der Haltung der Division und ihrer Männer angeführt werden. Im Rahmen der Kriegsforschung angefragt, schrieb der Pfarrer Max Langen aus Nörtershausen unter dem 9. 7. 1947: „Den Soldaten der Einheit, die für die Tage vom 15. bis 18. März 45 in dem Dorfe Pfaffenheck gekämpft haben, wird das Zeugnis ausgestellt, daß sie ihre soldatische Pflicht erfüllt haben. Niemand von der Zivilbevölkerung wurde terrorisiert, vielmehr bemühte sich die Truppe unter großer Lebensgefahr, der Bevölkerung in der großen Not zu helfen. Gegenüber den erobernden Truppen des Auslandes wurde korrekt gehandelt durch ein echt soldatisches Empfinden. Diesem Urteil schließt sich meine Gemeinde an."

An den alljährlich in Pfaffenheck - Buchholz stattfindenden Gedenkfeiern nehmen auch einige Angehörige der 70. US-Infanterie-Division teil. In den Reden wird stets der versöhnende „Brückenschlag" über die Gräber hinweg erwähnt. Deutsche und amerikanische Soldaten, die hier im März 45 gegeneinander kämpften, treffen sich im Vorderhunsrück wieder. Aus Feinden wurden Freunde.

Die RZ berichtete Jahre später folgendes: In breiter Front erreichten die amerikanischen Truppen nach großer Feuervorbereitung den Rhein. In dieser Zeit, als auf der Hunsrücker Höhe die schweren Kämpfe tobten, fielen auf die Stadt Boppard über 1500 Granaten. 28 Häuser wurden völlig zerstört, 103 Häuser schwer beschädigt und 569 Häuser leicht beschädigt. In der Nacht vom 16. zum 17. März, in der die letzten deutschen Truppen übersetzten, wurden in Boppard durch Pioniere die Gierbrücke, die Badeanstalt, drei Motorboote, fünf Anlegebrücken und alle Nachen versenkt. Der Dampfer der Firma Hebel, Boppard, lag schwer beschädigt am jenseitigen Ufer. Im Gebiet Boppard Stadt und Land (von Brey bis Weilerbach, oberhalb von Salzig) liegen 60 versenkte Rheinkähne, zum Teil mit Lebensmitteln beladen. Am 18. März überschritten dann amerikanische Truppen den Rhein.

Wenn bis zu diesem Zeitpunkt das wirtschaftliche Leben im Kreise St. Goar, wenn auch nur notdürftig, aufrechterhalten werden konnte, so trat jetzt eine völlige Lahmlegung ein. Als endlich die ersten Bürgermeister wieder eingesetzt wurden, begannen sie mit den wenigen zur Verfügung stehenden Mitteln und mit Hilfe der Bevölkerung den Wiederaufbau der Verwaltung. Die größte Sorge dieser Männer war die Versorgung der Bevölkerung mit dem Notdürftigsten, vor allem mit Lebensmitteln. Als schließlich der Mai die Kapitulation brachte, da hatte der Kreis St. Goar schon mit dem Wiederaufbau begonnen. Einige Monate später folgte mit dem Einmarsch der Franzosen eine Welle von Requisitionen. In kurzer Zeit mußten Wohnungen geräumt werden. Ganze Zimmereinrichtungen aus Privathäusern wurden abtransportiert. Es gab kaum einen Gegenstand, angefangen bei einer kompletten Wohnungseinrichtung über Kühlschränke, Teppiche, Geschirr, Bilder, Wäsche usw., der nicht angefordert wurde. Aber damit nicht genug. So mußten z. B. in Trechtingshausen sogar noch im November 1947 sämtliche Nachen abgeliefert und nach Bad Salzig gebracht werden, die erst viel später wieder in verkommenem Zustand zurückgegeben wurden. Der Grund für diese Maßnahme sei gewesen, daß die Trechtingshausener Bevölkerung zahlreiche deutsche Kriegsgefangene, die aus französischen und deutschen Lagern entflohen waren, mit Nachen in die amerikanische Zone gebracht hätten. Daß auch die Requisitionen von Wein, Sekt und anderen Spirituosen ins Unermeßliche stiegen, sei nur am Rande vermerkt. In Bacharach waren alle Hotels belegt und 40 Wohnungen beschlagnahmt. In Boppard waren 13 der größten Hotels beschlagnahmt und über 30 Hotels geschlossen und St. Goar verzeichnete die völlige Beschlagnahme von elf Hotels und neun Hotels teilweise. 30 Häuser, 38 Wohnungen, acht Gewerbebetriebe, 22 Garagen, 30 Einzelzimmer, ein Schulsaal und zwei Drittel der Räume des Landratsamtes wurden von der Besatzung in Anspruch genommen. Auf dem flachen Lande des Hunsrücks und an der Mosel war es nicht anders.

Der Unwille der Bevölkerung wurde immer größer. Hier muß man der Männer gedenken, die an der Spitze einer Stadt standen und in gerader und offener Haltung den Requisitionen Einhalt geboten. Leider mußte der Bürgermeister der Stadt Boppard, Christ, damals ins Gefängnis wandern, aus dem er als kranker und gebrochener Mann zurückkehrte. Wer erinnert sich nicht mehr an die brutale Behandlung der armen Leute, die, um ihren Hunger zu stillen, ihre letzte Habe auf die Höhen des Hunsrücks brachten, sie dort gegen Lebensmittel eintauschten, um sie dann durch französische Gendarmeriebeamte in dem berüchtigten „Tunnel" im Bopparder Bahnhof wieder loszuwerden.

In den Wäldern des Kreises St. Goar wirkten französische Holzfällerkommandos, die aufgrund der ungeheuerlichen Auflagen, die man den Gemeinden machte, abholzten, was ihnen vor die Axt kam.

Neues Leben

Die ersten Landräte, die das Schicksal des damaligen Kreises St. Goar (der inzwischen zum größten Teil im Rhein-Hunsrück-Kreis aufgegangen ist) in die Hand nahmen, waren Hensmann und Hilger, die als Kommissare ihre Pflicht taten, bis dann zum endgültigen Landrat Hartung aus Diez an der Lahn bestellt wurde, dem später der Landrat Roth aus Montabaur folgte. Mit unendlichen Schwierigkeiten wurde damals der Verwaltungsapparat aufgebaut.

Neben der auf engstem Raum zusammengedrängten Kreisverwaltung saß die französische Kreisdelegation. Bis zur Auflösung dieser Delegation am 15. Juni 1953 vertraten das Amt der Delegierte Korvettenkapitän Cousot, Chef d'Escadron Germain, Chef des Bataillon Begel und Administrateur Hubert. So wie die Entwicklung in der Kreisverwaltung fortschritt, so entwickelte sich auch langsam und stetig die Verwaltung der dem Kreise angehörenden Städte und Ämter.

In Sturmbooten zur Loreley

Nachdem am 7. März völlig überraschend die Brücke in Remagen den US-Truppen unversehrt in die Hände gefallen war, setzte unter amerikanischen Kompanien geradezu ein Wettrennen zum und über den Rhein ein. Jeder US-Soldat wollte ihn schneller erobern, als der Angehörige einer Nachbareinheit. Trotz allem dauerte es noch 19 Tage, bis die Amerikaner auch in der Gegend der Loreley die rechte Rheinseite besetzten. Mit Sturmbooten und Amphibienfahrzeugen und mit Panzern beladenen Landungsbooten ging es über den Strom. Der RZ-Redakteur Hans Berg und Wilhelm Koch berichteten später über die Kämpfe in und um St. Goarshausen und über die damalige Lage im früheren Kreis St. Goarshausen u. a.:

Am 12. März hatten die Spitzen der amerikanischen Truppenverbände das linke Rheinufer bei St. Goar erreicht. Von St. Goarshausen aus konnte man die gepanzerten Fahrzeuge und Lastwagen beobachten, die fast friedlich auf den Straßen und an den Hauswänden aufgefahren waren. Bald schon war ein Feuergeplänkel zwischen hüben und drüben im Gange. Angeblich sollten die Deutschen einen Sanitätskraftwagen im Gründelbachtal getroffen haben. Jedenfalls wurde St. Goarshausen am 16. März mit Salven von Brand- und Sprengbomben eingedeckt. Dr. Knöpfle wurde tödlich getroffen, Karl Salziger verwundet. Nur wenige Mutige waren es noch, die sich aus den Kellern und Stollen hervorwagten und unter dem Einsatz ihres Lebens an den brennenden Gebäuden Nachbarschaftshilfe während des Beschusses und der Jabo-Angriffe leisteten.

Nur noch ein Meldekopf

Landrat Hövel hatte die Kreisverwaltung inzwischen nach Strüth verlegen lassen; in St. Goarshausen war nur ein Meldekopf zurückgeblieben. Die Kreis- und Ortsgruppenleitung der Partei waren geflüchtet; der Bürgermeister hatte sich aus der Gefahrenzone abgesetzt. Die Feuerwehrgeräte waren nach Nastätten abtransportiert worden. Der Kampfkommandant von St. Goarshausen und sein Adjutant bereiteten die Sprengung der Bahnunterführungen, der Backbrücken und der beiden Mühlen vor. Das Fährboot „Loreley IV" war im St. Goarshausener Hafen bereits durch Dynamitladung versenkt worden, auch die Lotsennachen und Sandboote blieben nicht verschont.

Im Hafen befanden sich 73 Fahrzeuge aller Art, darunter auch das Motorschiff „Hansestadt Köln", das Köln Hitler zur Verfügung gestellt hatte. Kapitän Bach aus Kamp konnte es verhindern, daß dieses Boot gesprengt oder versenkt wurde. Um das Herausfahren der Schiffe, die alle noch das Schicksal der „Loreley IV" teilen sollten, aus dem Hafen unmöglich zu machen, ließ die Kampfkommandantur den mit Eisenblöcken beladenen Schleppkahn „Tahiti" quer in der Hafenmündung versenken.

Bis 24. März hielt der Beschuß von der linken Rheinseite an; verschiedene Gebäude fielen ihm noch zum Opfer, und Tote und Verwundete gab es unter den Soldaten und Bürgern. Weitere Schäden und Zerstörungen wurden durch die Einnahme der Stadt durch die Amerikaner verhindert. Am 25. März versammelten sich auf der Burg Rheinfels eine Anzahl höherer amerikanischer Offiziere zur Geländebesprechung und Entgegennahme letzter Befehle.

In der Nacht zum 26. März bezwangen die Amerikaner dann den Mittelrhein. Bei Kaub, Oberwesel, im Schatten der Loreley und Ehrental kam es teilweise zu erbitterten und verlustrei-

So wie dieser Raab-Karcher-Schleppdampfer bei Oberwesel lagen viele Schiffe und Fähren zwischen Kaub und Remagen durch Bomben und Granaten im Rhein versenkt.

chen Gefechten mit den Amis, die mit Sturmbooten übersetzten, denen Amphibienfahrzeuge und Landeboote mit Panzerspähwagen folgten. Als das Tageslicht dämmerte, griffen amerikanische Panzerjäger vom linken Rheinufer in die Brennpunkte der Kämpfe ein, und das Rheintal wurde durch Nebelgeräte in Dunst gehüllt.

Schüsse von der Loreley

Auf der Loreley standen deutsche Geschütze, denen nicht beizukommen war. Sie beherrschten St. Goar, den Rheinstrom und St. Goarshausen, wo die ersten Amerikaner Fuß gefaßt hatten. Die Pioniere sollten am Morgen mit dem Brückenbau zwischen St. Goar und St. Goarshausen beginnen, um das Übersetzen, der amerikanischen Verbände zu beschleunigen. Durch den Be-

schuß vom Loreleyfelsen her mußte der Brückenbau verschoben werden. Jagdbomber brachten dann in der Mittagszeit die Geschütze auf der Loreley zum Schweigen.

Als die Einwohner von St. Goarshausen verhärmt und verängstigt aus den Kellern und Bombenschutzecken hervorkamen, war die Brücke schon fast fertig, waren die deutschen Soldaten gefangengenommen oder verschwunden. Die Stadt war durch die Amerikaner besetzt, die auch einen Teil der Zivilisten festnahmen.

Die Zerstörung

Das Kreisstädtchen hat schwer durch den Krieg und vor allem durch die letzten Kriegstage gelitten. So schwer allerdings, wie mancher St. Goarshausener Soldat, der am 26. März fern von daheim noch irgendwo im Einsatz war, sich die Schäden nach der knappen Schilderung des Wehrmachtsberichtes vorstellen mußte, waren sie nicht. Die Rheinfähre und ihre vier Anlagebrücken waren versenkt, den Anlegeblock der Köln-Düsseldorfer Dampfschifffahrt lag gleichfalls im Rhein, der Verladekran vor dem Hafen war gesprengt worden. Das Lichtnetz war zerstört, die Telephonverbindung abgebrochen, die Wasserleitung außer Betrieb.

Das „Hitler-ship"

Die Zivilisten waren am Abend des 26. März wieder freigelassen worden. In St. Goarshausen wurde eine oft wechselnde, schwache Amitruppe stationiert, für die die Hotels „Adler" und „Colonius" und zahlreiche Einzelhäuser geräumt wurden und die alle Waffen sicherstellte und die Photoapparate, Doppelgläser und manches andere requirierte. Vor allem das „Hitlership" im St. Goarshausener Hafen hatte es den Amerikanern angetan. Das Flottmachen des Bootes wurde dann auch mit großer Eile betrieben, weil ruchbar wurde, daß der Kreis St. Goarshausen französische Besatzung erhalten sollte.

Trotz der schier unüberwindlichen Schwierigkeiten, trotz des Todes oder des ungewissen Schicksals manches Angehörigen, trotz der plündernden und die Versorgung störenden Fremdarbeiter, von denen Lorenz Born im Forstbachtal erschossen wurde, trotz der Diebstähle auch von deutscher Seite, trotz der sehr umfangreichen Requirierungen an Lebensmitteln und Beschlagnahmung von Möbeln, Wäsche und vielem anderen für die französische Besatzungsmacht, die den Amerikanern im Juni gefolgt war, trotz der ständigen Aussichten für fast jeden, verhaftet und interniert zu werden, und trotz Sperrstunden und sonstigen Einschränkungen wurde in St. Goarshausen, wie in anderen Orten auch, sehr bald der Wiederaufbau begonnen, wurden die Schäden ausgebessert und die wichtigsten Dienststellen wieder in Gang gebracht.

Nur schrittweise möglich

Das Landratsamt war kurz vor und nach dem 26. März 1945 nur durch Wilhelm Koch besetzt; eine größere Zahl der Beamten und Angestellten war noch in Strüth; andere aus nahen Dörfern durften, wie alle Einwohner, den Ort vorerst nicht verlassen. Als dann im Landratsamt während der kurzen amerikanischen Besatzungszeit allmählich wieder gearbeitet werden konnte, wechselten die Landräte sehr schnell. Doll, Dr. Klein und Dr. Basarke waren so die Vorgänger von Jakob Emil Schladt aus St. Goarshausen, der noch in der amerikanischen Besatzungszone das Amt übernahm, von den Franzosen bestätigt wurde und bis Anfang 1947 in St. Goarshausen blieb. Der Aufbau der Kreisverwaltung, der man nur wenige Diensträume belassen hatte, konnte nur schrittweise vorwärtsgehen. Die Nachrichtenübermittlung an die Gemeinden wurde durch zwei mit Motorrädern ausgerüstete Kuriere aufgenommen. Eine Hilfspolizei wurde zur Verhinderung des Plünderns und Stehlens eingesetzt. Erst Ende 1945 erhielten wenige Behörden, Ärzte und Apotheker im Kreis Telefon. Im Oktober 1946 wurde auf Veranlassung des französischen Gouverneurs die erste Kreisversammlung mit ernannten Vertretern durchgeführt.

Am 1. April 1947 übernahm Landrat Hans Wirges die Kreisverwaltung, und unter seiner Amtszeit erhielt diese Behörde wieder die volle Achtung der Deutschen und auch der Franzosen.

Undankbares Amt

An die Spitze der Stadtverwaltung trat schon zur amerikanischen Besatzungszeit Fritz Maus. Er und seine Verwaltung hatten es nicht leichter als das Landratsamt. Die Besatzungsmacht ließ fast alle Requirierungen und Beschlagnahmen im Kreis durch die Stadtverwaltung St. Goarshausen durchführen, was dem Bürgermeister bei der Bevölkerung wahrhaft nicht ausschließlich Sympathien eintragen konnte. Doch trotz der harten Last und der strengen Maßnahmen der Besatzung wurden schon 1945 und 1946 Wege gefunden, den Einwohnern die schmalen Rationen aufzubessern und durch Tauschgeschäfte Material für den Wiederaufbau zu beschaffen. Als Fritz Maus 1946 starb, wurde Apotheker Friedrich Ruff sein Nachfolger. Manchen harten Strauß mit der Besatzungsmacht hatte er auszufechten.

Lebensmut und Fleiß

Großen Anteil an dem schnellen Wiederaufbau und dem raschen Anlaufen des wirtschaftlichen Lebens verdankt St. Goarshausen der privaten Initiative und der Tatkraft der verantwortlichen Betriebe. Der Hebebock „Hai" wurde während der französischen Besatzung ein zweitesmal in St. Goarshausen eingesetzt. Den Herren Dahlheim, Gutwerk und Schwarz gewährte die zuständige amerikanische Dienststelle die Bitte, mit dem „Hai" einige Bergungen bei St. Goarshausen durchführen zu können. Die Firma Felix Menges & Sohn konnte im Rahmen dieser Vorhaben ihr schwerbeschädigtes Fährschiff

heben lassen. Die Eisenbahn kam wieder in Betrieb; die Bevölkerung hatte die Sprengladungen an den Unterführungen und an den Herzstücken der Schienen wie auch an den Bachbrücken selbst entfernt. Der Verladekran wurde von den Arbeitern der zuständigen Firma flottgemacht. Bald normalisierten sich wieder die Verhältnisse.

Lahnstein: Weiße Tücher

Über die Einnahme von Oberlahnstein schrieb Hermann Beckby in einem 1952 gedruckten Buch u. a.: Anfang März näherten sich von Westen her die Amerikaner dem Rhein und besetzten bald Kapellen-Stolzenfels. Noch hatte eine kleine deutsche Truppe an Aspich und Lahnhöll eine Stellung ausgehoben und hielt mit etwa 40 Mann die Stadt besetzt. So wagten die Amerikaner nicht die Überfahrt. Am 11. März begann ihr Artilleriefeuer gegen Lahnstein und die Stellungen auf der Höhe. Doch ergab sich die deutsche Truppe nicht. Um so stärker hämmerten die feindlichen Geschütze auf die Stadt. Gas und Licht versagten ganz. Wasser konnte man nur an wenigen Stellen holen. So kam der 20. März. An diesem Tag forderten die Amerikaner durch Lautsprecher von Kapellen her die Bevölkerung von Lahnstein zur Übergabe und zum Hissen von weißen Flaggen auf, widrigenfalls die Stadt um 17 Uhr durch 500 Bomber zerstört werde. Die Bürger selbst waren geneigt, der Aufforderung nachzukommen, und hängten weiße Tücher aus. Die deutsche Besatzung jedoch verbot jede Nachgiebigkeit. Als nun ein Bürger die schon ausgehängte Flagge wieder einziehen wollte, wurde er auf dem Dach seines Hauses von einem Deutschen durch Gewehrschuß getötet. Darauf verschwanden überall die weißen Tücher. Um dennoch die drohende Gefahr der Bombardierung zu beseitigen, setzten des Nachmittags 3 Männer über den Rhein, stellten den Amerikanern die Zwangslage der Einwohner vor und wendeten tatsächlich die Gefahr ab. Aber immer noch verhinderte die deutsche Truppe den Übergang der Amerikaner; sie sprengte sogar, als Koblenz am 18. März gefallen war, am 21. die 4 Lahnbrücken einschließlich der Hohenrheiner in die Luft, um einer Überraschung von Norden her vorzubeugen. In den nächsten Tagen überschritten die Amerikaner den Rhein bei Rhens und Kamp, bei Rhens unter Verwendung von Amphibienpanzern. Auf dieser Seite stießen sie zwar auf Volkssturm, doch verliefen die kurzen Gefechte am Viktoriabrunnen zugunsten der Amerikaner, die sich am 26. bis zur Südallee vorarbeiteten. Die 2. amerikanische Abteilung marschierte von Kamp aus über die Höhen hinweg auf Lahnstein zu. Hier stiegen sie vom Berg herab, machten aber am Friedhof halt und gruben sich ein. Erst als einige hiesige Bürger sie aufsuchten und aufforderten, Lahnstein zu besetzen, tasteten sie sich am 27. März langsam gegen die Stadt vor. Hier stießen sie noch einmal mit den wenigen deutschen Soldaten zusammen. Straßenkämpfe, besonders in der Burgstraße, setzten ein. Endlich ergab sich die deutsche Truppe, und jetzt erst hörte auch das Artilleriefeuer auf; es hatte 16 Tage gedauert und 10 Todesopfer unter der Zivilbevölkerung gefordert.

Spuren am Rhein-Lahn-Eck

In RZ-Redakteur Robert Breisigs Chronik heißt es: Die größte Stadt des damaligen Regierungsbezirks Montabaur, Oberlahnstein, hatte nach Kriegsende einen Grad der Zerstörung von 38 v. H. aufzuweisen. In drei Angriffen am 11. November, 22. und 28. Dezember 1944 wurden 165 Wohngebäude zerstört, 291 Wohngebäude teilweise und 219 Wohngebäude leicht beschädigt. Am 11. November starteten 143 US-Bomber am späten Vormittag gegen Oberlahnstein. Wie bei anderen Angriffen in diesem Gebiet wurde der Nürburgring als Orientierungs- und Leitpunkt überflogen. Für den Großraum Koblenz war dieser Angriff einer der folgenschwersten des ganzen Krieges: Es wurden in Oberlahnstein gezählt: 219 Tote, 175 Verletzte. Niederlahnstein und Braubach kamen an jenem Tag glimpflicher davon. Allerdings bekam der Bahnhof Niederlahnstein sein Teil mehr als einmal ab.

Die Wohnungsnot war, wie überall in den zerstörten Städten und Gemeinden, sehr groß. Es galt daher, zunächst auf diesem Sektor Planungen anzustellen, um nach und nach durch Instandsetzung und Wiederaufbau Anregungsfreiheit zu schaffen. Wiederaufgebaut wurden 116 Wohngebäude.

In den letzten Tagen des Krieges fielen auch die Brücken über die Lahn den Zerstörungen zum Opfer. Die am 23. Juni 1945 eingerichtete Ponton-Notbrücke bewältigte den Verkehr bis zum 22. Dezember 1947. Dann konnte die Massivbrücke dem Verkehr übergeben werden. Während die Eisenbahnbrücke zwischen Ober- und Niederlahnstein im Dezember 1946 wieder hergestellt war, erfolgte die Inbetriebnahme der Hohenrheiner Eisenbahnbrücke am 1. August 1949.

Auch die Schwesterstadt Niederlahnstein hatte unter dem Krieg zu leiden. 67 Häuser mit 168 Wohnungen fielen der vollständigen Zerstörung anheim. Besonders groß war die Anzahl der teilgeschädigten Anwesen. Auch der Schaden an städtischen Gebäuden war groß. Hier seien erwähnt das Amtsgericht in der Bahnhofstraße, welches erst 1953 mit einem Kostenaufwand von 110.000 Mark wieder erstellt werden konnte. Der Wiederaufbau des Agenturgebäudes am Rhein erforderte 35.000 Mark. Nicht vergessen sei das Bahnhofsgebäude, das ebenfalls vollständig am Boden lag. Mit den Planungen des Wiederaufbaues war die Bundesbahn lange beschäftigt. An die schweren Bombenangriffe im Winter 1944 auf den Niederlahnsteiner Bahnhof erinnern sich so manche Bürger auch aus Koblenz und Umgebung, für die Lahnstein bis zum Bombardement der Startpunkt der Eisenbahn Richtung Thüringen war, dem großen Zufluchtsgebiet der Menschen von Rhein und Mosel.

Zwanzig Bomben fielen auf den Friedhof. Zu den drei zerstörten Lahn-brücken kam noch die Sprengung einer Werksbrücke.

Der Wiederaufbauwille der Bevölkerung und Verwaltung war auch in der Stadt am Rhein-Lahn-Eck gleich nach Kriegsende vorhanden. So wurden bis 1955 zusammen 44 Häuser mit 110 Wohnungen bezugsfertig. 467 teilgeschädigte Anwesen mit 184 Wohnungen wurden ebenfalls wieder genutzt. Weiterhin wurden aufgebaut 78 Häuser mit 280 Wohnungen. Aber auch nach dem Zusammenbruch hatte es Niederlahnstein besonders schwer. Befanden sich doch fast 5000 aus fremden Ländern verschleppte in den hiesigen Kasernen. Durch den Ausfall der Eisenbahnbrücke bewegte sich der gesamte Flüchtlingsstrom durch die Stadt nach Oberlahnstein und auch umgekehrt.

Der mutige Pfarrer von Kamp

Bereits der 29. Januar war ein Schreckenstag für Kamp. Bomben fielen über dem Rheintal und verhinderten jegliche Sicht auf die mit betäubendem Brummen anfliegenden amerikanischen Bomber. Plötzlich - die Kirchenuhr blieb 12.17 Uhr stehen - ertönte ein unheimliches Rauschen, dem gewaltige Einschläge folgten. Der größte Teil der Bomben war gottlob auf die Berge, die Hänge, den Eisenbahndamm und in den Rhein gefallen. Gelitten hatte besonders das Unterdorf, wo mehrere Häuser zerstört waren. Auch die Pfarrkirche, das Pfarrhaus und benachbarte Häuser waren in Mitleidenschaft gezogen. Tiefe Bombentrichter klafften in unmittelbarer Nähe der Kirche und des Pfarrhauses. Leider waren sechs Menschenleben zu beklagen. Ein Mädchen wurde schwer verletzt.

Die große Sorge der Bevölkerung war, daß solche Angriffe sich wiederho-

Zügig marschierten die US-Truppen vom Moseltal über den Hunsrück Richtung Nahe.

len würden. Doch bis in den März hinein blieb es ruhig. Durch die Offensive der amerikanischen Streitkräfte wurde die deutsche Verteidigungslinie immer mehr auf den Rhein zurückgedrückt. Am 14. morgens schoß sich die Artillerie auf die Eisenbahnlinie an der Filsener Lay (rechte Rheinseite) ein und zwang durch mehrere Salven die dort in Stellung gegangenen leichten Flakgeschütze, auf die Höhen auszuweichen. Gegen 11.30 Uhr mußte ein Eisenbahnzug in Richtung Braubach infolge Beschießung der Strecke nach Kamp zurückkehren. Nachmittags lag auch die Höhe der Domäne Marienberg (Schlaghecken) unter Feuer und in der Nacht die Filsener Lay, die von nun an ständig bedroht war. Am Samstagmorgen (17. 3.) setzten die letzten deutschen Truppen mit der Autofähre von Boppard über. Die Amerikaner näherten sich von den Höhen herab dem Rhein. Gegen Mittag schlugen die ersten Granaten in Kamp ein. Dabei wurde die 18jährige Waltraut Müller sehr schwer verwundet. Nach Einlieferung in das St.-Josefs-Haus starb sie am Sonntag.

Während der folgenden Tage steigerten sich die plötzlichen Feuerüberfälle und machten ein planmäßiges Heranschaffen und Verteilen von Lebensmitteln unmöglich.

Ultimatum von der anderen Seite

Den eigentlichen Höhepunkt erreichte der Kampf um den Rheinübergang am Samstag, 24. März 1945. Gegen 15 Uhr vernahm man von der anderen Rheinseite (gerade dem Pfarrhaus gegenüber) einen Lautsprecher. Die Stimme eines amerikanischen Majors wandte sich in tadellosem Deutsch an die Bevölkerung von Kamp und forder-

te sie auf, durch zahlreiches Hissen von weißen Fahnen, besonders an markanten Gebäuden, ihre friedliche Gesinnung zu bekunden. Er rief etwa folgendes herüber: „Wir haben Euer schönes Dorf bisher geschont; doch könnt ihr mit dieser Schonung nicht weiter rechnen. Ihr habt gewiß einen Bürgermeister. Er soll mit einigen Männern herüberkommen. Die Überfahrt steht unter dem Schutz der amerikanischen Streitmacht. Sie muß jedoch sofort erfolgen, andernfalls wird das Dorf die ganze Wucht der amerikanischen Geschütze zu spüren bekommen." Kurz darauf meldete er sich wieder: „Ich sehe bereits einige weiße Fahnen, aber wo bleibt das Boot?" Ein drittes Mal wiederholte er seine Aufforderung und endete mit der Androhung des direkten Artilleriebeschusses. Während er sprach, erschien ein amerikanischer Beobachtungsflieger und kreiste ca. 100 m über dem Rheintal, um die Wirkung der Aufforderung zu erkunden.

In einem Boot

Ein großer Teil der Bevölkerung hißt nach der Aufforderung des amerikanischen Majors spontan die weiße Fahne. Es folgt das Rathaus, die Kirche... Eiligst begaben sich alteingesessene Bürger zu Bürgermeister Weber und baten, die Überfahrt zu wagen. Dieser, ein erfahrener, aufrechter Mann, bedauerte, der Aufforderung nicht nachkommen zu können, da er dem deutschen Ortskommandanten unterstellt sei. Jetzt erst hatte Pfarrer Knoth erfahren, daß der Bürgermeister nicht übersetzen konnte. Sogleich erklärte er sich bereit, an seiner Stelle die äußerst gefährliche Überfahrt zu wagen. Der Nachen - Begleiter waren der Schwerkriegsbeschädigte Peter Jost, der Jungmann Paul Busch und der holländische Schiffer Heinz Beckmann (Kahnführer) - stieß ab. Eine weiße Fahne schwenkend, setzten die Mutigen über. Aufrecht stehend segnete der Pfarrer Kamp und seine Pfarrkinder. Der Beobachtungsflieger, der noch immer kreiste, ließ seine Maschine „wackeln", somit weithin den Start des Nachens ankündigend. Währenddessen sprachen beherzte Männer in eindeutiger Weise auf die befehlenden Feldwebel der Maschinengewehrnester am Ortsein- und -ausgang ein. Wie eine Mauer standen sie vor den todbringenden Waffen und erreichten, daß nicht geschossen werden konnte. Der Kahn landete unbehelligt auf der anderen Rheinseite, und Pfarrer Knoth konnte dem US-Major, der die Abordnung freundlich aufnahm, der absolut friedfertigen Einstellung der Bevölkerung versichern.

Einige Stunden später, gegen 21.30 Uhr, schreckte heftiges Artillerie- und Maschinengewehrfeuer die Bevölkerung auf. Bald bellten von der anderen Rheinseite her die Panzergeschütze auf und nahmen die Höhen und Straßen bei Kamp unter Feuer. Kommandorufe und das Laufen deutscher Soldaten ließen erkennen, daß der amerikanische Angriff begann. Stunden tobte der Kampf, bis es gegen 1 Uhr ruhiger wurde und sich das Feuer verlagerte. Gegen 5 Uhr in der Frühe des Palmsonntags (25. März) wurde heftig an die Kellertüren des Unterdorfes geklopft: Amerikanische Soldaten drangen mit vorgehaltenen Maschinenpistolen und Gewehren ein, um die Häuser nach deutschen Soldaten und Nazis zu durchsuchen. Eine Stunde später war Kamp fest in amerikanischer Hand, ohne noch weiteren erheblichen Schaden gelitten zu haben.

Nastätten 1945

Der Krieg trat auch für den Taunus in seine Endphase. In harter Gemeinschaftsarbeit, mit nie für möglich gehaltenem Einsatzwillen und mit unzulänglichen Mitteln, entstanden auch in Nastätten Luftschutzstollen. Konrad

Französische Kriegsgefangene mit ihren letzten Habseligkeiten beim Abtransport durch deutsche Kommandos. Es dauerte nicht mehr lange, bis für sie die Stunde der Freiheit schlug. Dieses Foto entstand bei Ackerbach-Katzenelnbogen im Taunus am 26. März 1945.

Hehner III schrieb darüber: Trotzdem forderte der Bombenkrieg seine Opfer: 16 Tote und zahlreiche Schwer- und Leichtverletzte. Fünf Scheunen und Stallungen brannten nieder, zahlreiche Häuser und sonstige Bauten wurden zerstört, alle Bauten mehr oder minder stark beschädigt. Dazu kam am 27. März früh die unsinnige Sprengung aller Brücken, die auch Schäden an Gebäuden anrichtete. Aus den stark bombardierten Städten waren zahlreiche Evakuierte da. Jeder verwendbare Raum wurde belegt. Die Versorgung wurde kritisch. Jeder Tag brachte neue Probleme.

Nastätten wurde am 27. März vormittags von amerikanischen Truppen besetzt, jedes Gebäude durchsucht. Der tags zuvor von den NS-Behörden bestellte Bürgermeister Seibel fand Gnade vor den Amerikanern und durfte ihre Befehle ausführen. Eine große Zahl der Häuser in der Paul-Spindler-Straße, der Hochstraße und der Gronauer Straße mußten geräumt werden und am Abend des 27. März mußte der Bürgermeister die gesamte Bevölkerung am Adolfsplatz zusammenrufen und ihr mitteilen, daß sie sich ab sofort in den unteren Stadtteil (ab Amtsgericht) zu begeben und dort eine ungewisse Zeit aufzuhalten habe. Es gab Häuser, in denen 60 bis 70 Menschen zusammengepfercht waren. Die Improvisationskunst von Handwerk, Handel und Gewerbe, die ja in ihren Betrieben nicht arbeiten durften, bewährte sich in höchstem Maße. In der Weberei der Paul-Spindler-Werke richtete die Besatzungsbehörde ein Sammellager für die zahlreichen frei herumstreunenden Fremdarbeiter und -arbeiterinnen ein. Im Gegensatz zu den Einheimischen hatten die Ausländer zu jeder Zeit volle Bewegungsfreiheit. Das unbewohnte Nastätten verfiel einer gründlichen Durchsuchung und Plünderung. Die Amerikaner konnten trotz ihres Reichtums Uhren, optische Geräte, Gold- und Silbersachen wie auch sogenannte Souvenirs und Briefmarkensammlungen gut gebrauchen.

Der siebentägige Durchmarsch der amerikanischen Truppen verursachte ein furchtbares Getöse, so daß die Menschen sich noch kilometerweit die Ohren zuhielten, um den Krach überhaupt ertragen zu können. Als nach sieben Tagen das Ausgangsverbot aufgehoben war, und die Bevölkerung zurückkehren durfte, normalisierte sich das Leben. Die zu lösenden Aufgaben waren riesig groß. Amerikaner und Deutsche stellten fest, daß man miteinander auskommen mußte.

Das Vordringlichste war neben einer halbwegs funktionierenden Nahrungsmittelversorgung und der Wiederherstellung noch reparaturfähiger Gebäude die Wiederingangsetzung des Verkehrs. Also: beschleunigter Wiederaufbau der gesprengten sieben Mühlbachbrücken. Die großen Leistungen des Nastätter Handwerks und Gewerbes zu jener Zeit würdigte Landrat Schladt später in einer Versammlung aller Geschädigten.

Als die Amerikaner das Gebiet Anfang Juli den Franzosen überließen, gab es neue, große Aufregung. Am Tage ihres Einrückens übermittelten die Franzosen Bürgermeister Seibel 21 Forderungen, für deren Erfüllung sie ihm 24 Stunden Zeit ließen.

Gefordert wurde unter anderem: Listen über die Mitglieder der NSDAP und aller ihrer Gliederungen und Verbände, Listen der derzeit diensttuenden Beamten und Angestellten, Verzeichnis der Betriebe mit Einzelheiten; Lieferung von je 1000 Messern, Gabeln, Löffeln und Glühbirnen, 120 komplette Betten, eine große Zahl von Schränken,

Tischen und Stühlen usw., alle Radioapparate mit Ausnahme der Volksempfänger, Schreibmaschinen, Fahrräder und Motorräder. Und immer neue Forderungen nach Haushaltgeräten, Automobilen, Werkzeug usw. Es gab nichts, was die Besatzung nicht gebrauchen konnte.

In unguter Erinnerung blieb eine Formation aus der Normandie, in Stärke von etwa 120 Mann. Sie besaß nur 60 Paar Schuhe, so daß immer die Hälfte im Quartier bleiben mußte. Als die Einheit voll beschuht wieder abrückte, fehlten in allen Quartieren die Wasserleitungsarmaturen, die Fenster- und Türbeschläge und die Elektroinstallationen.

Alle Mitglieder der NSDAP und ihrer Gliederungen wurden unter die Lupe genommen, teils festgesetzt, teils wieder freigelassen. Die Angehörigen des BDM und der Frauenschaft mußten für die Franzosen die Räume putzen, kochen und sie bedienen.

Die Schilderungen über das Geschehen bei Kriegsende auf der östlichen Rheinseite, soweit es sich um das Gebiet des jetzigen Rhein-Lahn-Kreises und die südlichen Teile des Westerwaldes handelt, stützen sich auf Berichte von Gerhard Heil, Richard Heimann, Josef Pering, Konrad Hehner III, H. Heinzmann, Else Zöller, Ludwig Scheh, Albert Reusch, Ludwig Nies und Willi Müller-Behr, erschienen in den Jahrgängen 1970 und 1971 des „Rhein-Lahnfreund", Nassauischer Landeskalender (Gerhard Heil, 5427 Bad Ems). Weitere Ausführungen entstammen Nachkriegsjahrgängen der Rhein-Zeitung.

Kämpfe im Naheraum

Obwohl amerikanische Flugblätter längst von der Kapitulation von zigtausenden von Landsern der 7. und 15.

deutschen Armeen in der Eifel (Raum Laacher See) berichteten, stellten sich auch südlich der Mosel immer noch Restteile dieser Verbände den Amerikanern zum Kampf. Er dauerte nicht allzulange. Die Amis zogen in breiter Front über den Hunsrück. Auch von der Saar her rollte ihr Angriff. Am selben Tag, an dem die Einnahme von Koblenz gemeldet wurde (17. März), besetzten die Amerikaner Birkenfeld, und am 20. März fiel Idar-Oberstein.

Am 18. März hieß es: Bad Kreuznach ist in amerikanischen Händen. Es gab viele Verluste an Menschen und Häusern. Vom 7. 10. 44 bis 14. März '45 fielen in Bad Kreuznach 310 Menschen den Bomben zum Opfer. Die Kreisstadt büßte 59,5 v. H. ihrer Gebäude ein. Hart mitgenommen wurden auch Bad Münster am Stein, Bingerbrück, Kirn, Sobernheim und zahlreiche Dörfer im Umland.

Richard Walter veröffentlichte vor 20 Jahren eine Dokumentation über die damaligen Ereignisse an der unteren Nahe. Darin hieß es u. a.:

Die deutsche Ardennenoffensive war um die Weihnachtstage 1944 endgültig steckengeblieben. Seit Neujahr befanden sich die einmal mit einem gewissen Elan vorgeprellten Truppen auf dem Rückzug. Am 29. Januar brach in der Südeifel der entscheidende Ansturm der 3. amerikanischen Armee unter Generalleutnant George S. Patton jr. los. Sechs Wochen später stand die Front an der Mosel. Inzwischen hatte am 23. Februar auch die Generaloffensive auf den saarpfälzischen Raum begonnen. Am 12. März stand Pattons Armee auf geschlossener Front am linken Ufer der Mosel zum Losschlagen nach Süden bereit.

Die 7. deutsche Armee unter General Felber war noch im Aufbau der Mosel-

Völlig zerstört durch Luftangriff: Die Brücke in Bad Münster am Stein '45.

Nur noch ein Gewirr aus Eisen und Blech ließen die Bomben von den Seitz-Werken in Bad Kreuznach übrig.

US-Transporte ziehen über die notdürftig reparierte Wilhelmsbrücke ins Zentrum Bad Kreuznachs ein.

Der zerstörte Kornmarkt in Bad Kreuznach.

Verteidigung begriffen. Mit ihrem linken Flügel, der 159. Infanteriedivision, stand sie in heftigen Kämpfen, die auch den rechten Flügel der 1. deutschen Armee (General Foertsch) südlich Trier erfaßt hatten. Beide Armeen bildeten die Heeresgruppe G unter Generaloberst Hauser, die einzige noch bestehende westrheinische Bastion im Bereich des Oberbefehlshabers West, Generalfeldmarschall Albert Kesselring, der wenige Tage vorher Generalfeldmarschall von Rundstedt abgelöst hatte.

Ostheer Rücken freihalten

Die Lage an der Westfront war nach Ansicht der Führung Mitte März 1945 durch die außerordentliche personelle und materielle Überlegenheit der Amerikaner auf der Erde und durch deren völlige Beherrschung des Luftraumes gekennzeichnet. Rund 85 amerikanischen, britischen und französischen Divisionen in voller Stärke standen etwa 55 schwachen deutschen Verbänden ohne ausreichenden personellen und materiellen Nachschub gegenüber. Die Tagesstärken der deutschen Infanterie-Divisionen waren auf 5000 Köpfe abgesunken gegenüber der Sollstärke von 12.000. Im besten Fall kamen noch 100 Kämpfer auf einen Kilometer Front. Die Truppe war kriegsmüde, sorgte sich um ihre Angehörigen, tat aber weiterhin ihre Pflicht in dem Bewußtsein, dem Ostheer den Rücken freihalten zu müssen. Dies und das Wissen um die „bedingungslose Kapitulation" hielten die Front immer noch zusammen.

Vorstoß bis zur Nahe

Am 16. März standen die ersten amerikanischen Panzer vor Bad Kreuznach und an der Nahe bei Bad Münster am Stein und zwischen Kirn und Oberstein. Sie fanden hier zwar unversehrte Brücken, bildeten jedoch noch keinen Brückenkopf südlich der Nahe. Die Panzerspitzen zogen sich im Gegenteil bei Dunkelheit zurück.

Das Oberkommando der Wehrmacht meldete von diesem 16. März: Angriffe zwischen Koblenz und Boppard wurden zum Stehen gebracht. An der Nahe schon Gefechte mit weit vorgestoßenen Panzerspitzen im Raum Bad Münster am Stein und Kirn.

Generalstab ausgeschaltet

Währenddessen rüstete die vorgeschobene Führungsgruppe der Heeresgruppe G am 16. März im Bunker vor dem Kurhaus in Bad Kreuznach zum Stellungswechsel nach Wachenheim, wo zwei Tage später bei einem Bombenangriff auf den Generalstab außer mehreren Zivilisten fünf Offiziere getötet und damit das Gehirn der Heeresgruppe vernichtet wurde.

An jenem selben Märztag erteilte Generalfeldmarschall Kesselring dem AOK 7 den Befehl, die Nahe zu verteidigen, um damit die Nordflanke der 1. Armee zu decken, die sich gegen die von Süden her angreifende 7. amerikanische Armee zwischen Kusel und Saarbrücken und im Bunkerfeld des Westwalls zwischen Saarbrücken und Zweibrücken mit dem Mute der Verzweiflung wehrte. Sobald der Widerstand der wenigen Restdivisionen der 7. deutschen Armee endgültig von den Truppen und Panzern der Amerikaner gebrochen sein würde, wäre nicht nur ihre rechte Flanke, sondern auch ihr Rücken ungedeckt.

Dieser Pflicht zur Treue gegenüber den Kameraden stand die Sinnlosigkeit

Erbitterte Kämpfe im Naheraum.

weiteren Operierens gegenüber. In ununterbrochener Folge rollten die rückwärtigen Teile der Armeen nach rückwärts über den Rhein. Auf den baumlosen Straßen Rheinhessens und der Pfalz schwirrten die Jagdbomber wie Insekten über gehende und fahrende Kolonnen. Die Deckungslöcher am Straßenrand reichten gar nicht aus, die Menschen aufzunehmen, die dort Schutz suchten. Ausgebrannte Fahrzeuge und Pferdekadaver säumten die Straßen.

Flankenangriff bei Entenpfuhl

Am 17. März neigte sich der Kampf zwischen Nahe und Hunsrück seinem Ende zu. Bingen, Bad Kreuznach und Idar-Oberstein waren von amerikanischen Truppen des XII. und XX. AK erreicht. Zwischen beiden Stoßkeilen klaffte allerdings eine Lücke, in die

zwei Grenadierregimenter der 2. deutschen Panzerdivision von Sobernheim aus hineinstießen. Bei Entenpfuhl griffen sie die 4. amerikanische Panzerdivision in der Flanke an. Es kam zu einem erbitterten Gefecht mit einem zahlenmäßig weit überlegenen Feind.

Am 18. März waren Bad Kreuznach und Bingen sowie die Nahe in ihrer ganzen Länge in amerikanischer Hand. Noch einmal stellten sich zwischen Wöllstein und Volxheim leichte und mittlere Panzer sowie Sturmgeschütze der 2. Panzerdivision zum Kampf. Es gab wiederum ein erbittertes Gefecht, das auf den Vormarsch der Amerikaner jedoch nicht den gewünschten Einfluß mehr haben konnte. Der Kampf links des Rheins war entschieden. Jahre nach Beendigung des Krieges formulierte Generalfeldmarschall Kesselring seine Beurteilung des Kampfes um die Bastion Saar-Pfalz: „Gerade wegen der verzweifelten Lage war der Kampf der zusammengeschmolzenen Verbände ein Höhepunkt deutscher Kriegsleistung. Der Gegner hatte den frühesten Zeitpunkt für den Angriff gewählt. Die Panzerangriffe waren kühn, gegen den rechten Flügel der 7. Armee (bei Alken) verwegen. Rasch folgten die einzelnen Operationen aufeinander, und rücksichtslos wurden die Panzerkräfte eingesetzt in einem Gelände, das für die Verwendung von größeren Panzerkräften ausgesprochen ungünstig war. Der Löwenanteil des Ruhms gebührt der Mitwirkung der amerikanischen Luftwaffe.

Daß trotz des raschen Erfolges der amerikanischen Panzerkräfte und trotz des teilweisen Versagens der abgekämpften deutschen Truppen, die Heeresgruppe G nicht von den Rheinbrükken abgeschnitten, sondern den Rhein überschreiten konnte, war für die deutsche Führung ebenso überraschend wie der fast friedensmäßig vorgenommene Übergang der Amerikaner über den Rhein bei Oppenheim. Er gab den Amerikanern die Möglichkeit, in den Rükken der noch mit Teilen westlich des Rheins kämpfenden 1. Armee zu stoßen und sich für neue Operationen das Frankfurter Becken zu sichern. Das Ziel aber, das sich die Deutschen gesetzt hatten, den Gegner zu harten Kämpfen zu zwingen, damit die amerikanisch-französischen Truppen am Rhein in einem Zustand ankämen, der gebieterisch einen Stopp verlangte und günstigste Voraussetzungen für den Kampf um den Rhein schaffte, war nicht erreicht. Sieben Wochen später kapitulierte die deutsche Wehrmacht. Hajo Knebel schrieb über das Geschehen im Hunsrück und oberen Nahegebiet u. a.:

Am 17. März haben sich die Alliierten an die Grenzen des Kreises Birkenfeld herangeschoben, sie zum Teil schon überschritten; am 18. März stehen sie östlich der Kreisgrenze in Schlierschied; die Hauptkampflinie bei Lauferseiler ist von den Deutschen aufgegeben worden; in der Struth bei Schneppenbach, um den Lichtenkopf wird gekämpft; von einer durchgehenden Front kann nirgends mehr gesprochen werden; die Kämpfe lösen sich auf in Einzelgefechte, unkoordiniert; die Verbände werden eingekesselt, schlagen sich durch, werden gehetzt und gejagt von den schnell vorstoßenden US-Panzern.

Die deutschen Kampfgruppen - kriegsmüde, dezimiert, führungslos, oft seit Tagen vom Nachschub an Munition und auch Verpflegung abgeschnitten, hoffnungslos einer gewaltigen Übermacht gegenüberstehend, von Jabos zerfetzt, ohne Verbindung zu den Nachbarn und zu den vorgesetzten Führungsstäben, fast ohne Artillerie, oft vom Gegner umgangen und überrollt, eingekesselt, da und dort für Stunden den sinnlos gewordenen Kampf aufnehmend, in Furcht vor den Fliegenden Standgerichten General Hübners, in Angst vor der Gefangenschaft und vor den Repressalien gegen die eigene Familie - „Da das Versprengten-Unwesen groß ist, sollen Versprengte standgerichtlich abgeurteilt und sofort erschossen werden." - „Jeder, der in Gefangenschaft gerät, ohne verwundet zu sein oder nachweisbar bis zum äußersten gekämpft zu haben, hat seine Ehre verwirkt, wird aus der Gemeinschaft der anständigen und tapferen Soldaten ausgestoßen; für ihn haften seine Angehörigen." (Führerbefehle vom 8. März), in der Hoffnung, doch noch den Rhein zu erreichen, bei Nacht und Nebel quer durch die Wälder und abseits von Orten und Straßen die amerikanischen Linien zu durchbrechen, durch Führerbefehl immer noch zum bedingungslosen Halten gezwungen - setzen sich entgegen Befehl doch ab, ziehen sich, dem Feinddruck ausweichend, von Ruwer und Mosel, von Hunsrück und Hochwald zur Nahe hin ab: zu Fuß, auf Fahrrädern, mit Pferdefuhrwerken, mit Lkw's im Schlepp. In kleinen Trupps fluten sie zurück, die feldgrauen, stoppelbärtigen, fluchenden Landser, die längst nicht mehr strahlenden „Helden der Nation", werden da und dort aufgefangen, an einer dampfenden Feldküche verpflegt, werden zu kleinen Einheiten gesammelt, zur weiteren Verteidigung einer Straßenbrücke, eines Höhenrückens, einer Wegkreuzung, eines Dorfes eingesetzt. Die sehr methodisch vorgehenden Amerikaner nutzen die Schwäche der deutschen Verteidiger nicht voll aus, lassen sich Zeit, zerschlagen tagsüber alle deutschen Truppenansammlungen, zerbrechen jeden möglicherweise aufkeimenden Widerstand mit der Übermacht ihres Materials.

Für Patton, den Befehlshaber der 3. amerikanischen Armee, wird der Raid über Hunsrück und Hochwald zur Nahe, durch Rheinhessen und die Pfalz zum Rhein zum großen Sieg, zu „einem der größten Feldzüge des ganzen Krieges": Seine Truppen donnerten „über den für Panzer unpassierbaren Hunsrück", marschierten „über die schon von römischen Legionen benutzten Wege"; die 90. und die 5. Infanterie-Division überschritten die Nahe, erreichten am 20. März Kaiserslautern.

Am 21. März trifft Patton mit General Eddy im wenige Tage zuvor besetzten Simmern zusammen; am gleichen Tage erhält Birkenfeld seine erste amerikanische Militärregierung; in der Nacht zum 26. März muß sich in Speyer General-Major Franz vor dem Fliegenden Standgericht des Führers verantworten wegen des Untergangs seiner Division westlich des Rheins im Einsatzraum Birkenfeld: „General Hübner bedeutete ihm, er habe Vollmacht, jeden General, dem Versagen nachzuweisen sei, auf der Stelle zu erschießen. Anhand der Lagekarte des Oberleutnants Böttcher, die als einzige noch vorhanden war - der Divisions-Kommandeur hatte seine eigene Karte bei einem persönlichen Einsatz verloren - wies General-Major Franz den beauftragten General des Führers darauf hin, daß nach den wochenlangen Kämpfen seit dem Orscholz-Riegel, in denen jede Stellung bis zum letzten Mann befehlsgemäß hatte gehalten werden müssen, nicht viel mehr von einem Rest von etwa 380 Mann erwartet werden könne."

Am 27. März 1945 verlegt Patton den Befehlsstand der 3. US-Armee nach Oberstein, „wo wir uns in der Kaserne des früheren deutschen 167. Infanterie-Regiments einquartierten: Hier erbeuteten wir einen riesigen holzgeschnitzten Adler und sandten ihn später an die United States Military Academy als Geschenk der 3. Armee". Der Sieg ist vollkommen.

Lager Bretzenheim

Wenn auch viel von dem, was sich im Nahegebiet tat, nach 40 Jahren in der Erinnerung verblaßt ist – unvergessen bleibt das Gefangenenlager Bretzenheim bei Bad Kreuznach. Karl Kuhn, einst Bad Kreuznachs Bürgermeister, schrieb über das Lager Bretzenheim:

Das Lager galt und gilt auch heute noch als eine der schlimmsten Stätten der Gefangenschaft deutscher Soldaten auf deutschem Boden zu Ende des Zweiten Weltkrieges.

Es wurde ausgangs März 1945 als Stammlager mit Stacheldrahtzäunen und Wachttürmen auf freiem Felde von den Amerikanern errichtet. Entlang der Bundesstraße 48 breitete es sich in der Tiefe von 400 m im Abstand von ca. 40 m vom Straßenrand aus. Einer ame-

Ein Ehrenmal auf dem „Feld des Jammers" erinnert an die Leiden im Gefangenenlager Bretzenheim.

rikanischen Quelle zufolge waren hier 166.000 kriegsgefangene Deutsche eingepfercht.

Kurzfristig waren auch auf dem Galgenberg bei Bad Kreuznach 80.000 Menschen hinter Stacheldrahtzäunen in gleicher Weise den Unbilden des Wetters und der unterversorgten Lagerhaltung ausgesetzt.

Der Himmel war ihr Dach, die offenen Felder ihre Lagerstatt. Regen- und Schneewolken versetzten im April und Mai große Flächen des Lagers in ein Schlammfeld. Die entkräfteten, hungernden und entnervten Gefangenen wurden durch Nässe und Kälte, z. T. durch Epidemien, dahingerafft. 1200

Tote wurden in den beiden Monaten gezählt. Allein am 11. Mai starben ca. 100 Lagerinsassen.

Gefangenschaft ist ein Ausnahmezustand für das seelische Sein des Menschen. Die Menschen in dieser Anhäufung erlagen dem Gewirr der täuschenden Parolen. Die Soldaten, einander fremd, igelten sich voneinander ab. Lediglich bei der Proviantausgabe fanden sie sich zu der vorgeschriebenen Zehner-Gruppe zusammen. Bei der Austeilung des unzureichenden Essens kam es nicht selten zu Reibereien. Wie sollte es auch anders zugehen, wenn jeder aus verschiedenen Konservenbüchsen nur einige Löffel, haardünne Spaghetti, einzeln ausgezählt, einen Löffel Zukker, ein Stückchen Käse, 5 bis 7 Kekse als einmalige Tagesration zugeteilt bekam.

Es gab auch Übergriffe der „Polizisten". Das waren deutsche Aufseher, die zuweilen alles andere waren als Hüter der Ordnung, vielmehr Gauner, die durch „Filzen" ihre Kameraden um Wert- und Gedenkstücke wie Ringe erleichterten und einen ausgedehnten Tausch mit den GIs trieben.

Ein Autor aus Mitteldeutschland berichtet, wie ein Gefangener durchdrehte, über den Todesstreifen vor dem Drahtzaun lief und dort durch Geschoßgarben durchsiebt wurde.

Im Juni nahte für manche die Entlassung. Jetzt wurde die Verpflegung etwas erhöht und Warmverpflegung ausgegeben. Kleider, Seife und Entlausungspulver, Fett, Zucker und Kaffee gab es. Ruhrkranke erhielten Sonderverpflegung. Arbeitsfähige und -willige wurden nach Frankreich abtransportiert.

Bad Kreuznachs Bürger hielten mit ihrer Sympathie gegenüber den deutschen Soldaten nicht zurück. Alles geschah lautlos, schweigend. Am Straßenrand standen die Bürger. Gern hätten sie einzelnen Gefangenen etwas zugesteckt, wenn sie unter waffenstarker Bewachung durch die Straßen geführt wurden. Als ein Soldat zusammenbrach und ein durch Armbinde erkennbarer deutscher ziviler Arzt hinzutrat, wurde er von den GIs (US-Soldaten) getrennt und abgeschoben. Zivil war zivil, und Soldat Soldat. Das war die Maxime der Besatzung, die nicht zuließ, daß deutsche Verpflegung ans Lager geliefert wurde.

Idar-Obersteins schwerste Zeit

Was spielte sich im Raum Idar-Oberstein in den letzten Kriegswochen ab? Alte Idar-Obersteiner wissen es noch, wobei allerdings nicht unbedingt eine exakte Erinnerung vorliegen muß. Es sind immerhin vier Jahrzehnte ins Land gegangen, seit der große Krieg Idar-Oberstein überrollte. Werner Bohrer hat die Tagebuchnotizen eines vor Jahren verstorbenen Bürgers zusammengefaßt. Darin heißt es - im Telegrammstil - u. a.:

5. Januar 1945: Durch die Luftangriffe auf Kirn und Bad Kreuznach wurde auch die Lichtzuleitung nach Idar-Oberstein zerstört. Dadurch war die Stadt lange Zeit ohne Licht.

7. Januar: Die Konfirmation der evangelischen Kinder in der Felsenkirche fand wegen der immer stärker werdenden Fliegergefahr schon vormittags 7.00 Uhr statt. Die Kirche war nur durch einige Kerzen am Altar spärlich beleuchtet. Während des Gottesdienstes Fliegeralarm. Anschließend bis Mitternacht ununterbrochen Alarm bzw. Öffentliche Luftwarnung.

Anfang Februar: Die Fliegergefahr wird immer größer. Es stellt sich heraus, daß der Luftwarndienst Trier nicht mehr zuverlässig arbeitet. Wenn er überhaupt warnt, ist es meistens schon zu spät. Die Stadt hat eigene Warneinrichtungen auf dem Bismarckturm und in Algenrodt eingerichtet.

20. Februar: Der Volkssturm wird nachts alarmiert, da von der Westgrenze die Einbruchsgefahr immer größer wird. Ein Einsatz des Volkssturmes unterbleibt.

22. Februar: 15.00 Uhr: Luftangriff auf die Kobachstraße; mehrere Häuser zerstört. Unter den Trümmern 32 Tote; in einem Haus 5 Kinder. Gleichzeitig Angriff auf den Bahnhof Oberstein, auf die große Bahnhofsbrücke und die Wasenstraße.

23. Februar: 14.00 Uhr: Brandbomben auf die Hohlschule, Bahnhof und Hasbach. Angriff auf die große Bahnhofsbrücke und die Tunnelbrücke bei den gefallenen Felsen. In der ganzen Zeit befand sich die Bevölkerung zum großen Teil den Tag über bei der ständig sich steigernden Luftgefahr nicht in den Wohnungen, sondern meist in den großen Felsenbunkern, in denen mehr als ein Drittel der Bewohner der Stadt untergebracht werden konnte. Die großen Bunker waren für solche Daueraufenthalte eingerichtet.

Auch sonst waren mehrere absolut sichere öffentliche Luftschutzräume eingerichtet, z. B. in der Schillerschule, im Stadthaus und der Felsenkirche. Ein Teil der Bevölkerung hielt sich auch in kleineren Stollen z. B. im Göttenbachtal und im Dietzenwald auf.

Die Feuerwehr erhielt Ende Februar den Befehl, ihre großen Löschfahrzeuge über den Rhein zu bringen. Der Befehl wurde abgelehnt, ebenso wurden die Befehle für die Vorbereitung zur Läh-

ALLIIERTES OBERKOMMANDO
(Supreme Headquarters Expeditionary Force)

BEFEHL

AN DIE VERSPRENGTEN DEUTSCHEN TRUPPENTEILE

Das schnelle Vordringen der Alliierten hat es mit sich gebracht, dass zahlreiche deutsche Einheiten versprengt und aufgelöst worden sind und daher von zuständiger deutscher Seite keine Befehle mehr erhalten können.

Um nutzlose Opfer an Menschenleben zu vermeiden, ergeht daher folgender Befehl:

1.) Deutsche Soldaten, die abgeschnitten oder versprengt wurden, sowie Einheiten, die vom deutschen Kommando keine Befehle mehr erhalten, haben sich beim nächstliegenden alliierten Truppenteil zu melden.

2.) Bis dahin ist der Einheitsführer bezw. rangälteste Unteroffizier für die Disziplin seiner Mannschaft verantwortlich. Die umstehenden Verhaltungsmassregeln für versprengte Einheiten treten mit sofortiger Wirksamkeit in Kraft.

DWIGHT D. EISENHOWER
Oberbefehlshaber der Alliierten Streitkräfte

Laßt Euch nicht evakuieren!

verlangt der Feind in seinen Flugblättern.

Warum plötzlich diese „Fürsorge"?
Warum diese Anteilnahme?

Er hat Deine Wohnungen zerstört, seit Jahren mordet er mit seinen Bomben und jede Nacht kommt er noch und sät weitere Vernichtung.

Nun ist er auf einmal „besorgt" um Dich?

WARUM?

Hier seine Gründe:

Er braucht

Arbeiter für Hütten und Gruben,
Helfer für die Kriegsindustrie,
Männer, die Minen räumen,
Männer und Frauen zum Schanzen,
Frauen und Mädchen für seine Bordelle.

Er will

schon jetzt große Teile des deutschen Volkes in seine Befehlsgewalt bringen,
unsere Widerstandskraft schwächen,
seine oft proklamierten Vernichtungspläne zur Ausrottung des deutschen Volkes verwirklichen.

Alliiertes Flugblatt mit der Aufforderung an abgeschnittene und versprengte Deutsche, sich zu ergeben.

Ein Flugblatt der deutschen Gegenpropaganda antwortet auf ein alliiertes Flugblatt.

---

mung des Gaswerkes und des Elektrizitätswerkes beim Einrücken der Feindtruppen, die von einem Sonderbeauftragten von Koblenz überbracht wurden, von der Stadtverwaltung energisch zurückgewiesen.

Die beiden Volkssturmführer lehnten jeden militärischen Einsatz des Volkssturms Idar-Oberstein ab, so lange dieser nicht offiziell ein Teil der Wehrmacht sei. Ihre Leute sollten nicht als bewaffnete Zivilisten außerhalb des Kriegsrechts stehen. Die daraufhin in Aussicht gestellte Ausrüstung mit Paß, Soldbuch und Uniform konnte nicht beschafft werden. Die am Westwall eingesetzten Männer kehrten zurück und berichteten vom Durchbruch der feindlichen Panzer.

In der Nacht vom 8. auf den 9. März sind die Familien der politischen Leiter mit Omnibussen über den Rhein gebracht worden. Es wird immer sichtbarer, daß jede Zufuhr vom Rhein zur oberen Nahe völlig abgeschnitten ist.

12. März: Die Wehrmacht, insbesondere der letzte Transportoffizier verläßt Idar-Oberstein. Die militärischen Anweisungen der Wehrmacht an den Bürgermeister und an die Volkssturmführer zur Verteidigung der Stadt, werden von diesen nicht mehr angenommen.

16. März: Die Reichsbahn verläßt mit dem letzten Zug und der letzten Lokomotive die Stadt. Die gewünschten Vorbereitungen für Tunnelsprengun-

gen werden vom Bürgermeister abgelehnt. Auch die anderen Behörden setzen sich ab und gehen über den Rhein.

19. März: In aller Frühe werden die 3 Nahebrücken von einem in der Stadt eingetroffenen besonderen Militärkommando gesprengt. Die ersten amerikanischen Panzer kommen von der Göttschieder Heide über das Schloß herunter in die Stadt, fahren aber dann wieder zurück.

20. März: Die amerikanischen Truppen schicken eine Vorhut und verhaften den Bürgermeister. Nach längeren Verhandlungen ließen sie ihn wieder frei und veranlaßten ihn, vorläufig zu ihrer Verfügung im Dienst zu bleiben.

21. März: Capt. Olleson und Oberleutnant Haidoff bilden die Militärregierung in Birkenfeld. Haidoff wird dabei Beauftragter für die Stadt Idar-Oberstein und bezieht das Zimmer neben dem Bürgermeister im Stadthaus.

22. März: Amerikaner besichtigen zunächst die offiziellen Gebäude: Kasernen, Offiziersheim, Kreishaus und Schulen. Die Kasernen geben sie kurze Zeit zur Plünderung frei. Die Polizei kann nicht einschreiten, da sie ja ohne Waffen und auch sonstigen Beschränkungen unterworfen ist. Sämtliche Waffen, auch Jagdwaffen, Ferngläser usw. müssen auf dem Stadthaus abgeliefert werden. Die Bevölkerung darf von 18.00 bis 7.00 Uhr nicht aus ihren Wohnungen.

26. März: Ganze Straßenzüge, vor allem um die Klotzbergkasernen, sind zu räumen und vorläufig Unterkünfte vom Militär. Das Mobiliar muß in den Wohnungen verbleiben und wird zum Teil zertrümmert oder entfernt. Nur das Notwendigste darf von den Eigentü-

Zugleich mit der Marktplatzbrücke wurden auch die übrigen Idar-Obersteiner Nahebrücken gesprengt, als die US-Panzer in die Stadt vorstießen. Unser Bild zeigt den Wiederaufbau der Marktplatzbrücke, wobei vor allem auf das Arbeitspotential der ehemaligen Parteigenossen der NSDAP zurückgegriffen wurde. Die Brücke mußte inzwischen der Naheüberbauung weichen.

mern mitgenommen werden. Wohnungen von Nationalsozialisten werden beschlagnahmt. Gegen Abend erscheint noch einmal ein deutscher Flieger über der Stadt und schießt auf amerikanische Truppen.

28. März: Von jetzt an beginnen die Verhaftungen von Mitgliedern der NSDAP. Sie werden nach Algenrodt gebracht, wo mit der Zeit ein großes Internierungslager entsteht.

6. April: Amtmann Seibel, Birkenfeld, versucht, die Verwaltung des Landratsamtes Birkenfeld einzurichten. Es wird aber kurze Zeit danach vorübergehend verhaftet.

16. April: Die Lebensmittelversorgung wird immer schwieriger. Verhandlungen mit den Lebensmittelgroßhändlern, die die Stadt seither versorgten, stoßen deshalb auf Schwierigkeiten, weil sie meist außerhalb des Kreises Birkenfeld wohnen und ihre Kreisverwaltungen die Ausfahrt verbieten. Jeder Kreis sorgt nur für sich selbst.

14. April: Ein provisorischer Stadtrat wird gebildet, der am 14. Mai zu seiner ersten Sitzung zusammentrifft. Inzwischen hatte die Stadtverwaltung den Auftrag erhalten, die von der deutschen Wehrmacht zurückgelassenen Kraftwagen zu sammeln und zu verwerten und das Geld auf ein Sonderkonto sicherzustellen. Die Stadtverwaltung bediente sich dabei der nach Idar-Oberstein ausgesiedelten Krupp-Kraftfahrzeugwerke. Der Auftrag wurde später über Idar-Oberstein hinaus auf den ganzen Kreis Birkenfeld, mit Ausnahme der Gegend um Birkenfeld, erweitert. Einzelnen Personen wird auf begründeten Antrag hin die Erlaubnis zur Fahrt mit dem Auto außerhalb Idar-Obersteins erteilt. Die Vorarbeiten für die Wiederinstandsetzung des Bahn- und Postbetriebes werden getroffen.

4. Juli: Die ersten französischen Besatzungstruppen treffen ein.

„Anhaltelager" Algenrodt

Algenrodt, ein Stadtteil Idar-Obersteins, war in den Nachkriegsjahren zu einer traurigen Berühmtheit gelangt. Als Konzentrationslager, man nannte es „Anhaltelager", ging sein Ruf hinaus in alle Teile des westlichen Deutschland. 4000 überwiegend unbescholtene deutsche Männer und Frauen führten in Pferdeställen und Kellerräumen der ehemaligen Artilleriekaserne ein menschenunwürdiges Dasein, weil sie Mitglieder und Funktionäre der NSDAP waren. Sie verdankten zum größten Teil ihre jahrelange Inhaftierung der Denunziation durch Landsleute, die sich persönlicher Dinge wegen im günstigen Augenblick rächen wollten. Gleich nach dem Einrücken der amerikanischen Truppen in den Märztagen rollte die Verhaftungswelle an. Es war eine denkwürdige Karwoche, als man mit der Aufforderung „Kommen Sie mit!" in den Familien einbrach und in den meisten Fällen - die im Kreis Birkenfeld bekannten Verhaftungen weisen es heute einwandfrei aus! - unbescholtene Parteimitglieder über das örtliche Gefängnis und das Trierer Russenlager am 26. Mai in das Lager Algenrodt einwies. Frauen wie Männer wurden in Zellen zusammengeworfen und politische Gegner übten Funktionen aus, die ihnen Tür und Tor öffneten. Das persönliche Eigentum galt nichts, und manch einer der Inhaftierten fand nach seiner Rückkehr nur noch einen kärglichen Rest seiner Habe vor.

Mit der Verlegung nach Diez in den Fastnachtstagen 1946 wurde es dann langsam besser, wenn auch Paketsper-

ren, stundenlanges Antreten und Schikanen noch immer an der Tagesord-
nung waren. Die körperlichen Miß-
handlungen hatten aber ein Ende und
den Angehörigen war es möglich, mit
den Inhaftierten in briefliche Verbindung zu treten.

Einer von denen, die nach über zehn-
jähriger Gefangenschaft aus der So-
wjetunion heimkehrten, war auch General der Infanterie Karl Strecker, der
einen Teil seines Lebensabends in Idar-
Oberstein verbrachte. Er war Überle-
bender von Stalingrad.

Die Remagener Brücke

Im Kriegstagebuch des Oberkommandos der Wehrmacht hieß es in den
ersten Märztagen: Die 15. deutsche Ar-

Der Koblenzer Pionierhauptmann Karl Friesenhahn. Er war in jener Zeit, als das militärische Schlußkapitel des Krieges am Rhein
geschrieben wurde, Kommandant der Ludendorff-Brücke in Remagen.

Soldaten des 39. US-Inf.-Regiments der 9. Inf.-Division zogen als erste Kampftruppe durch
die Hauptstraße des Rheinstädtchens Remagen.

mee ist in die allerschwierigste Lage gekommen. Auf den südlichen Ahrhöhen konnte der Gegner aufgefangen werden. Einheitliche deutsche Führung ist verlorengegangen. Die Infanterie der 7. deutschen Armee in der Eifel ist ausgebrannt. Im Raum des Laacher Sees Fortgang der Kämpfe u. a. durch die 5. deutsche Fallschirmjägerdivision.

In dem amerikanischen „Nachrichtenblatt für die Truppe" hieß es dagegen unter dem 8. März: Die deutsche Abwehr im Raum Köln-Koblenz-Trier ist zusammengebrochen und die 7. Armee eingekesselt. 60.000 Mann, Reste von elf deutschen Divisionen, sind in der Eifel eingeschlossen.

Eine Panzergranate machte Geschichte

Vierzig Jahre sind es her. In jenen Märztagen 1945 saß man, ganz gleich ob alt oder jung, ob Zivilist oder Soldat, in den Kellern und Bunkern, in den Splittergräben oder an Panzersperren. Alle litten unter den erbarmungslosen Schlägen, die der Krieg austeilte.

Und der Anfang von diesem Ende war nicht allein die Landung der Amerikaner und Engländer in der Normandie, sondern auch das Überschreiten des Rheins durch die ersten amerikanischen Truppen bei Remagen, wo ihnen am 7. März die Brücke unzerstört in die Hände fiel. Ein deutschstämmiger junger US-Leutnant, Karl Timmermann, 1919 in Frankfurt geboren, von wenigen Schützen und Sturmspitzen begleitet, eroberte die Brücke und erreichte über sie das rechtsrheinische Ufer bei Erpel, ständig in dem Bewußtsein, jede Sekunde mit der Brücke in die Luft gejagt zu werden.

Viele Berichte, Hefte und Bücher sind inzwischen über dieses Ereignis an der Remagener Brücke geschrieben worden. Noch mehr wurde davon geredet. Und so turbulent wie die damalige Zeit war, so wirr war auch vieles, was man später darüber hörte.

Heute, nachdem man 40 Jahre Abstand von dem gewonnen hat, was sich damals tat, liest sich das Erlebnis einer Handvoll deutscher Soldaten am Remagener Brückenkopf wie ein Roman. Und doch war dieser Roman einmal bitterer Ernst. Er wurde mit Blut und Tränen in unserer rheinischen Heimat geschrieben. Wir wissen jetzt, daß das Geschehen bei Remagen nur ein Kapitel war im mörderischen Ringen. Und trotz allem war es eins, bei dem man auch heute noch als nacherlebender Mensch, der damals nicht dabei war, gepackt wird, gepackt von dem Drama, das einerseits deutsche Soldaten hier, von allen verlassen, erlebten, und andererseits Männer, die – das mag unumwunden zugegeben werden – diese Brücke gleichsam in einem Wettrennen mit dem Tode stürmten.

Zufall, der selten ist

Die Remagener Ereignisse sind Geschichte geworden, eben weil die Brücke nicht zerstört wurde. Wieso wurde sie nicht gesprengt? Eine einzige Panzergranate, vermutlich von einem amerikanischen Panzer abgeschossen, hatte, so wurde später festgestellt, wenige Minuten bevor die Sprengung stattfinden sollte, das Sprengkabel durchschossen. Ein Zufall, der selten vorkommt. Hier war er entscheidend. Was tat sich in jenen letzten Kriegstagen am Remagener Brückenkopf? Bürger sprachen wenige Jahre später mit dem damaligen Brückenkommandanten, dem Koblenzer Pionierhauptmann Friesenhahn, und mit anderen Soldaten, die im März 1945 mit dabei waren, als das militärische Schlußkapitel am Rhein geschrieben wurde. Nicht zuletzt studierte man alle erreichbaren Berichte und fügte das hinzu, was nur aus eigenem Erleben noch zu sagen war.

Die Remagener denken noch mit Schrecken an das letzte Vierteljahr des Krieges zurück. Die Stadt wurde durch Bombenangriffe schwer mitgenommen. Auch die Brücke erhielt wiederholt Treffer, ohne daß sie zerstört werden konnte. Die Soldaten der Flakbatterien, die eigens zur Verteidigung eingesetzt waren, hatten alle Hände voll zu tun.

Viele wissen nicht mehr, daß zwischen Remagen und Sinzig ein mit Schwerverwundeten überfüllter Lazarettzug, neben dem eine schwere Eisenbahnflak in Stellung gegangen war, von Jabos angegriffen wurde. Panikartig flüchteten viele Verwundete, kaum bekleidet, in den damals hoch liegenden Schnee. Über hundert verwundete Soldaten fielen hier zuletzt dem Krieg noch zum Opfer.

In jenen Tagen herrschte an der Brücke, die zusammen mit einem Brückenkopf verteidigt werden sollte, fieberhafte Tätigkeit. Schwere Schäden mußten beseitigt werden. Pionierfeldwebel Kleebach hatte als Brückenmeister alle Hände voll zu tun. Noch am 5. März stellte nach den Berichten des Kampfkommandanten vom Brückenkopf, Hauptmann Bratge, und des Brückenkommandanten, Hauptmann Friesenhahn, Generalleutnant Botsch fest, daß eine Verteidigung der Brücke mit den bis dahin zur Verfügung stehenden Truppen nicht möglich war.

Der General versprach hohe Auszeichnungen, falls es den Einheiten gelingen würde, die beschädigte Brücke bis zum 6. März 24 Uhr für den Fahrzeugverkehr wieder herzustellen. Dank des unermüdlichen Einsatzes der Soldaten konnte Hauptmann Friesenhahn die Brücke schon drei Stunden früher als vorgesehen wieder benutzbar melden.

Inzwischen sammelten sich immer mehr und mehr Fahrzeugkolonnen auf den Straßen, die von der Eifel, vom Ahrtal, vom Brohltal und von Godesberg nach Remagen führten. Es waren die letzten Reste der geschlagenen deutschen Armee, die von den amerikanischen Panzern wie Hasen vor sich hergetrieben wurden. Um das herrschende Chaos nicht noch zu vergrößern, wurden die Truppen schon weit vor der Brücke aufgefangen.

Am 6. März in den Nachmittagsstunden überschlugen sich dann die Ereignisse förmlich. Deutlich waren die Abschüsse der US-Panzer aus Richtung Ringen und Birresdorf zu hören. Auch dann glaubte die höhere deutsche Führung immer noch nicht, daß die Amerikaner Richtung Remagen stoßen würden.

„Als die Alarmstufe II um 16 Uhr am 6. März im Brückenkopf gegeben wurde", so berichtete uns der Brückenkommandant, „verlegte eine Einheit nach der anderen auf die andere Rheinseite. Der Kampfkommandant sah sich schließlich, als der Abend dieses 6. März anbrach, mit 36 Mann der Brückensicherungskompanie allein auf weiter Flur zur infanteristischen Verteidigung. Mit höheren Stäben oder Kommandostellen war überhaupt keine Verbindung mehr zu erreichen. Meldungen von den Offizieren an der Brücke an die Heeresgruppe B, daß der Feind unmittelbar vor Remagen stehe, wurden noch in der Nacht zum 7. März von einem Oberleutnant, der die Meldung entgegennahm, als lächerliche Angstvorstellung bezeichnet.

Der Abzug der Flak war eine weitere Schwächung der Verteidigungsbereitschaft. Nicht einmal auf der das gesamte Gelände beherrschenden Erpeler Ley stand ein Geschütz.

Die letzten Stunden

Immerhin konnte ich noch in der Nacht zum 7. März sieben Eisenbahnzüge die Brücke passieren lassen. Beim Morgengrauen setzte dann der Kraftfahrzeugverkehr ein. Die Nerven aller, die die Verantwortung trugen, waren bis aufs äußerste angespannt. Wilde Szenen spielten sich in den ersten Morgenstunden ab, als der Kampfkommandant mit erhobener Pistole einen allgemeinen Sturm der zurückflutenden Truppen auf die Brücke abzuwehren hatte. Schließlich konnten die Troßeinheiten den Rhein überqueren."

Noch vor elf Uhr ist das erste Maschinengewehrfeuer von der Rheinuferhöhe zu hören. Jetzt ging es um die letzten Minuten. Die für die Schnellsprengung angelieferte Munition wird angebracht. Vier Stunden, bevor die Amerikaner die Brücke erreichen, erscheint ein neuer Kampfkommandant, Major Scheller. Er konnte nichts mehr tun. Kurz vor zwölf Uhr heißt es „Zündfertigmachen der Brücke". Wenig später wird der Gefechtsstand des Kampfkommandanten in den Erpeler Eisenbahntunnel verlegt, in den sich Hunderte von Erpeler Bürgern geflüchtet haben.

Die Brücke unter Feuer

Als es auf 14 Uhr geht, liegt die Brücke bereits unter feindlichem Störungsfeuer. Oberfeldwebel Rothe, ein Remagener, konnte von diesen Minuten erzählen. Verwundet kommt auch er noch

über die Brücke, nachdem vorher Hauptmann Friesenhahn mit zwei Unteroffizieren, einem Traben-Trarbacher und einem Berliner, die andere Seite erreichte. Man hat mit der Auffahrt von Panzern gerechnet. Stattdessen erscheinen überraschend neben der Brücke amerikanische Schützen. Inzwischen setzt auch starker Panzerbeschuß ein.

„Volle Deckung!"

Nur wenige der anwesenden Offiziere behalten ruhig Blut. Schließlich waren Entscheidungen von besonderer Tragweite zu fällen. Endlich wird um 15.20 Uhr am 7. März der Befehl zur Sprengung gegeben. Alles hält die Luft an. Im Tunnel herrscht Stille. „Volle Deckung!" wird geschrien, doch - keine Detonation: Die Brücke steht wie zuvor. Wenige Minuten vor der Zündung ist die Sprengleitung noch überprüft worden. Trotz gutgezielten Feuers jagt Feldwebel Faust zur Zündschnur. Aber auch das hilft nichts mehr. Die Notsprengung hatte nur den Erfolg, daß die Brücke aus ihrem Widerlager gehoben und beschädigt wurde. Um 16 Uhr betraten die ersten Amerikaner das rechte Rheinufer.

Ein Gegenstoß mit den wenigen Pionieren, die zur Stelle sind, scheitert. Dann liegt der Tunnel selbst unter Feuer von Panzern und Infanteriewaffen. Alles geht drunter und drüber. Der Major ist verschwunden. Schon bald muß man einsehen, daß eine Fortführung des Kampfes schon im Hinblick auf die vielen im Tunnel anwesenden Zivilisten Wahnsinn ist.

Die weiße Fahne wird durch Zivilisten, von denen einige verwundet worden waren, gezeigt. Die Besatzung des Remagener Brückenkopfes soweit sie noch da ist, tritt den Weg in die Gefangenschaft an.

Amerikanische Vierlingsflak schützt die über die Remagen-Brücke vorgehenden US-Truppen vor Angriffen deutscher Sturzkampfbomber.

Nachdem die Ludendorff-Brücke bei Remagen im Handstreich genommen wurde, setzten die Alliierten zum letzten großen Sprung auf das Zentrum des Reiches an.

Die ersten Schritte der US-Truppen nach Überquerung des Rheins führten in den Eisenbahntunnel unter der Erpeler Ley.

US-Infanteristen warten am Rhein, um in den rechtsrheinischen Brückenkopf bei Remagen-Linz übergesetzt zu werden.

Bis dahin war das Geheimnis, warum die Brücke nicht in die Luft geflogen war, noch nicht gelüftet. Das stellte Hauptmann Friesenhahn erst fest, als er von Amerikanern über die Brücke abgeführt wurde. Eine Panzergranate hatte das Sprengkabel der Brücke zerfetzt.

„Schuldige" wurden gefunden

Was sich nach der fast kampflosen Überquerung der Remagener Brücke auf deutscher Seite tat, gehört zu den traurigsten Kapiteln des Krieges, von denen wir ebenfalls kaum noch etwas wissen. Während der Leutnant, der die Brücke in den Besitz der US-Truppen brachte, mit der höchsten amerikanischen Tapferkeitsmedaille ausgezeichnet wurde - ursprünglich hatte Eisenhower vor, mit massierten Kräften erst im Mai den Rhein zu überschreiten - wurden von Hitler Schuldige gesucht - und auch gefunden.

An den rheinischen Menschen ist es jedoch, auch diese Ereignisse um die Remagener Brücke nicht zu vergessen.

Die Remagener Brücke stand nach Inbesitznahme durch die Amerikaner fortan auf schwachen Füßen. Am 17. März stürzte sie infolge Überlastung ein und riß Menschen und Wagenkolonnen mit sich in die Tiefe.

Bis zu ihrem Einsturz versuchten täglich deutsche Sturzkampfbomber und ein Mammut-Ferngeschütz der Brücke den Garaus zu machen. Ein vergebliches Bemühen.

Kampfschwimmer sollten sprengen

Seit Jahren beschäftigt sich Jakob Weiler aus Bad Hönningen mit dem Geschehen 1945 an der Brücke von Rema-

gen. Daß Kampfschwimmer von deutscher Seite eingesetzt worden sind, um die Remagener Brücke nach deren Eroberung zu sprengen, ist bekannt. Weilers Findigkeit ist ein Bericht zu verdanken, in dem es u. a. heißt:

„Am 11. März 1945 wird Untersturmführer Schreiber von der Dienststelle 45817 K mit 11 Mann von Wien nach Frankfurt geflogen. Das Kommando wird nach Bad Ems gefahren und dort von einem „Captain Hellmers" in den Angriffsbefehl eingewiesen. Die Gruppe wird dann nach Waldbreitbach gebracht, wo sich bereits eine Kampfschwimmereinheit der Marine unter Korvettenkapitän Bartels befindet.

Der Befehl sieht vor, daß die Gruppe mit zwei aneinandergekoppelten Torpedos mit insgesamt 700 kg Sprengstoff an die Brücke schwimmen sollte und diese Torpedos an einem Pfeiler zur Explosion bringen. Wegen der schwierigen Straßenverhältnisse gelingt es jedoch nicht, den Transport der Torpedos bis nach Leutesdorf zu bringen. Ein Einsatz dieser Mittel wird aufgegeben, als die Schwimmkörper der Torpedos auf dem Transport beschädigt werden.

Hellmers und Bartels erhalten jedoch von der Heeresgruppe B den Befehl, den Angriff unter allen Umständen durchzuführen. Die Heeresgruppe stellt zur Improvisation des Angriffs 28 Päckchen des Sprengstoffes „Plastit" à 3 kg zur Verfügung.

Kurz vor dem Einsatz wird der Befehl geändert, nachdem bekannt geworden ist, daß die Brücke Remagen eingestürzt ist. Jetzt soll sich der Einsatz gegen die Pontonbrücke in Linz richten. Nach ausgeführtem Auftrag sollen die Männer stromabwärts schwimmen. In Römlinghoven sollen zwei Männer am Rhein sein und den Schwimmern in kurzen Intervallen ab 2.00 Uhr Leuchtzeichen geben. Um 23.45 Uhr beobachtet ein Posten des 164. US-Pionierbataillons etwa 1.000 Yards nördlich von Hönningen zwei Männer im Rhein. Sie werden aus dem Rhein gefischt. Etwas weiter stromab wird dann auch der Führer des Einsatzes mit einem weiteren Mann gefangen. Letzterer ist verwundet. Ein weiterer Schwimmer wird in der Nähe von Ernich erst am Nachmittag des 20. März gefangen, der sich in der Zwischenzeit in einem Haus versteckt gehalten hatte. Nur ein Schwimmer kam wieder zu der eigenen Einheit zurück. Der Angriff auf die Brücke selbst ist offenbar nicht ausgeführt worden.

Die Idee des Bürgermeisters Kürten

Die Idee zur Errichtung einer Gedenkstätte beschäftigte den Remagener Bürgermeister Hans Peter Kürten seit langem. Allein sieben Jahre dauerten die Verhandlungen mit der Bundesbahn, bis das ehemalige Eisenbahngelände von der Stadt erworben werden konnte. Hinweise an offizielle Stellen, die Brücke als Mahnmal zu erhalten und eine Gedenkstätte für den Frieden einzurichten, fanden keine Beachtung.

Da er aber von der Richtigkeit seiner Idee überzeugt war, überlegte er, wie das zu ihrer Realisierung notwendige Kapital aufzutreiben sei, denn es fanden sich leider weder private Mäzene, noch gab der amerikanische Staat Geld.

Als dann im Sommer 1976 die bis dahin erhaltenen Brückenpfeiler aus dem Strom entfernt wurden, ließ sich der Bürgermeister deren Steine an das Remagener Ufer bringen, denn er hatte eine gute Idee: nämlich den Verkauf von kleinen Brocken dieser Brückensteine, eingeschlossen in Gießharz und mit Echtheitszertifikat. Am 7. März 1978 trat er mit dieser Idee an die Öffentlichkeit, hatte damit unerwartet großen Erfolg und trug so in zwei Jahren rund 70.000 Mark an Verkaufserlös zusammen.

Die Gedenkstätte

Den Käufern der Brückensteine wurde im Echtheitszertifikat versprochen, daß der Reinerlös helfen solle, an historischer Stelle in einem der erhaltenen Brückentürme eine Begegnungsstätte für Freunde des Friedens zu schaffen. Schon am 7. März 1980, dem 35. Jahrestag der Eroberung, konnte im Rahmen einer schlichten Feier diese Gedenkstätte der Öffentlichkeit übergeben werden.

Kürten nämlich war es zusätzlich gelungen, eine Arbeitsbeschaffungsmaßnahme vom Arbeitsamt bewilligt zu bekommen. Mit diesen Leuten und städtischen Handwerkern wurden die Türme entrümpelt, mit Türen und Fenstern versehen, wurden die Innenräume geweißt und Licht gelegt. In den Türmen erzählen Bilder, Dokumente und sonstige Ausstellungsstücke die Geschichte dieser Brücke. Auf Zeichnungen ist als Zukunftsvision dargestellt, wie einmal die Gedenkstätte aussehen könnte. In einem kleinen Videoraum geben alte Wochenschauberichte eine lebendige Vergangenheitsschilderung. Es wird erinnert an den Bau, die Eroberung, die an den Kämpfen um die Brücke beteiligten deutschen, amerikanischen, belgischen und englischen Soldaten. Und an die Toten von hüben und drüben. Das Leitmotiv in der Friedenshalle aber geht an alle: Laßt uns jeden Tag mit Geist und Verstand für den Frieden arbeiten. Beginne jeder bei sich selbst!

Im Januar 1981 wurde der Verein Friedensmuseum Brücke von Remagen E.V. gegründet. 1. Vorsitzender: Bür-

Remagens Bürgermeister Hans Peter Kürten (lks.) ist der Initiator der Gedenkstätte „Friedensmuseum Brücke von Remagen". Er ließ Steine aus dem Torso der Brücke verkaufen, um seit 1980 eine Begegnungsstätte für Freunde des Friedens in einem Pfeiler der Ludendorff-Brücke zu schaffen. Hier händigt er einem US-Offizier einen Gedenkstein aus.

germeister Hans Peter Kürten. Laufend kommen seit Jahren Menschen aus allen Erdteilen zum Brückenmuseum: Belgier, Franzosen, Kadetten von Sandhurst, Japaner, Norweger und vor allem immer wieder Amerikaner. Unter den Veteranen von einst, die die Brücke stürmten und die heute noch, so sie leben, an den Rhein kommen, war auch 1983 US-General Westmoreland, der als junger Offizier die Eroberung der Brücke mitgemacht hatte.

„Immer wieder wurde ich seit der Eröffnung des Friedensmuseums gefragt, wieso kamen Belgier an die Brücke", sagt Bürgermeister Kürten. Es gab doch 1945 gar keine belgische Armee.

Seine Antwort: „Ende des Jahres 1944 erreichte der Alt-Kommandant der Zone I der belgischen Geheimarmee, der General van de Zande (van de Zande ist jetzt Präsident der Bruderschaft der Kriegsveteranen), unterstützt von Offizieren wie Lawané, Dourlet und Thibaut de Mézières, die Vollmacht, ein Bataillon zu gründen, dessen gesamte Mitglieder ehemalige belgische Widerstandskämpfer waren. Dieses 16. Füsilierbataillon zog mit der 1. US-Armee ins Feld und zeichnete sich zu wiederholten Malen aus, besonders am Brückenkopf von Remagen, wo es seine ersten Verluste erlitt.

In diesen Märztagen 1985 hofft Remagens Bürgermeister auf ein erneutes, großes Treffen der Kriegs-Veteranen aus Deutschland, den USA und anderer Nationen, die damals mit in Remagen dabei waren. Es sind vor allem Ehemalige der 9. US-Panzerdivision und des 27. US-Pz.-Grenz.-Btls. Auch ehemalige deutsche Kriegsgefangene aus dem unheilvollen Lager „Goldene Meile" bei Sinzig-Remagen sind zum Kommen aufgerufen.

Dr. Otto von Fisenne, er stammt aus der Nähe des Laacher Sees, lebt heute in Hamburg, gibt hier noch eine kleine Episode: Als im Sommer 1968 während der Zeit des „Prager Frühlings" unter der Regierung Dubcek die amerikanische Filmgesellschaft Wolpers Pictures im Auftrage der United Artists in einer tschechoslowakischen Kleinstadt an der Moldau mit Dreharbeiten für den Film mit dem Titel „Die Brücke von Remagen" begann, waren von dem Film-Team als Requisiten auch sieben amerikanische Leihpanzer aus dem Zweiten Weltkrieg in die Tschechoslowakei gebracht worden.

Einer der Gründe für den Einmarsch der Sowjets in die Tschechoslowakei in der Nacht zum 21. August 1968 lautete: Die Amerikaner hätten der Regierung Dubcek Panzer geliefert. Es handelte sich um jene sieben Panzer, die von der amerikanischen Filmgesellschaft Wolpers Pictures zur Verfilmung „Die Brücke von Remagen" benötigt wurden.

Nach dem sowjetischen Einmarsch verließ das amerikanische Film-Team unter Zurücklassung der Panzer fluchtartig die Tschechoslowakei. Der Film wurde dann in Hamburg zu Ende gedreht, wo als Rheinbrücke von Remagen eine Brücke dienen mußte, die bei Hamburg-Harburg die Süderelbe überquert. So hatte es ein Satyrspiel der Geschichte gewollt, daß sich die Sieger von einst zu den Besiegten von einst flüchteten, um bei ihnen ihre entscheidenden militärischen Erfolge von damals auf Zelluloid zu bannen.

Leitete der Übergang der US-Truppen über den Rhein bei Remagen am 7. März 1945 die Schlußphase des Krieges ein, so begann nun die Tragödie der deutschen Kriegsgefangenen am Mittelrhein.

Überall zwischen Köln und Mainz, wie hier zwischen Remagen und Erpel, hatten die Amerikaner im Handumdrehen ihre Brücken mittels Gummipontons errichtet.

Unübersehbar war das Heer der deutschen Kriegsgefangenen, die nach dem März 1945 im Lager in der Goldenen Meile an der Ahrmündung zwischen Sinzig und Remagen zusammengedrängt waren. Viele starben und ruhen auf dem Soldatenfriedhof bei Sinzig-Bad Bodendorf.

Das Lager

Das Gefangenenlager Sinzig in der sogenannten „Goldenen Meile", die sich von Bad Breisig bis Remagen-Kripp hinzieht, ist wie das Gefangenenlager Bretzenheim im Kreis Bad Kreuznach heute noch vielen hunderttausend Menschen in schrecklicher Erinnerung. Wieviele Soldaten an Rhein und Nahe hinter Stacheldraht hungerten, wird sich wohl kaum ganz genau feststellen lassen. Einige Berichte sprechen von 120.000, andere Chroniken von über 200.000. Der Friedhof bei Sinzig-Bodendorf im Ahrtal erinnert an das Drama von damals. Kamen zunächst die Gefangenen aus Eifel und Ahrgebiet, so liefen wenig später die Transporte aus dem Sauerland und anderen Gebieten östlich des Rheins mit ihrer menschlichen Fracht an.

Fritz Mann schrieb in einem Heft „Frühling am Rhein" über das Lager u. a.:

Die Räder rollen. Wir fahren über den Rhein. Wie, über den Rhein? Wohin bringen sie uns? Nach Frankreich, nach Amerika? - Geduld, Freunde. Nun geht es hart nach Süden hinunter; immer an den Ufern des Rheins entlang. Hin und wieder kosten wir für Sekunden den süßen, lieblichen Duft blühenden Flieders. Ach ja, es ist Frühling!

Die Wasser des Rheins fließen wie einst zu Tal, aber aus den rauschenden Fluten ragen die Wracks versenkter Kähne, Skeletten riesiger Ungetiere gleich, empor. Die Häuschen jener Dörfer, die von der rauhen Faust des Krieges verschont blieben, stehen schmuck und rein, von grünem Efeu umrankt, an den engen traulichen Straßen; aber die Menschen wandeln mit bleichen Gesichtern einher. Das Echo des eben verstummten Kriegslärms hallt noch im Lande nach...

Wir kommen durch Bad Godesberg. Noch weiter geht es den Rhein hinauf. Sinzig! Ruft da ein ehemaliger Flaksoldat, und er deutet nach einem bestimmten Punkt hin und sagt: Dort hatten wir unsere Stellung. - Nachdem wir die Stadt durchfahren haben, verlangsamt sich die Fahrt. An Bergen von Stacheldraht vorbei rollen wir in ein riesiges Lager ein. - Ein Gelände von etwa 3000 Metern Länge und vielleicht 800 Metern Tiefe; umgeben von meterhohen Stacheldrahtwänden, bespickt mit unzähligen Wachtürmen, Hunderten von Posten, ständig herumflitzenden Jeeps mit aufmontierten Maschinengewehren - das ist unsere neue „Heimat", das Kriegsgefangenenlager Sinzig! - Auch hier gibt es kein Dach über dem Kopf, kein Zelt, - nichts...

Nix Uhr? Viel Zigarettes

In fieberhafter Eile sind die Arbeitskommandos dabei, im Innern des Lagers Pfähle einzurammen, Stacheldrahtabgrenzungen zu ziehen und sonstige Vorbereitungen zu treffen, die unschwer darauf schließen lassen, daß dieses Lager nicht nur für ein paar Tage vorgesehen ist. - Wir sind noch unter den ersten Tausenden, die man ins Lager einbringt. Kaum haben wir den Wagen verlassen, da kommt ein schwarzer Soldat auf unsere Gruppe zu, nimmt einige Schachteln Zigaretten aus der Tasche und radebrecht: Nix Uhr? Ich geben viel Zigarett. - Uhr fort ohne Zigarett, sagt einer von den unseren und deutet mit nicht mißzuverstehenden Gesten an, daß ihm die Uhr bei der Gefangennahme gestohlen wurde. Da grinst der Neger, zuckt und wackelt mit Kopf und Schultern und meint, einmal auf sich, einmal auf den andern deutend: Schwarz Sklav - weiß Sklav!

Glücklich konnten sich jene Kriegsgefangene schätzen, die im Lager Sinzig ein Zeltdach aus Mänteln und Decken über dem Kopf hatten.

Wieder vergehen Tage mit Fasten. Das Band der Fahrzeuge, die weitere Gefangene bringen, reißt nicht ab. Man beginnt zu sieben. Offiziere, Unteroffiziere und Mannschaften werden getrennt. Angehörige der Luftwaffe werden ebenfalls gesondert untergebracht.

Einer Katastrophe entgegen

Wie Pilze nach dem Regen schießen die Pfähle aus der Erde, werden mit Stacheldraht bespannt. Man teilt uns ein, notiert Namen, reißt das Ganze wieder auseinander und beginnt von neuem. - Es hat sich an unserer Lage hier gegenüber den Zuständen im Lager Gummersbach nichts zu unseren Gunsten verändert. - Auch das Lager Sinzig ist, von der Weite des Raumes abgesehen, für die Aufnahme solcher Massen in keiner Hinsicht geeignet.

Das ganze Unternehmen muß einer Katastrophe entgegentreiben - aber der Menschenstrom hierher wird nicht abgestoppt. Man greift Menschen auf, wo man sie findet. Den fünfzehnjährigen Jungen nimmt man von der Seite der weinenden Mutter, den betagten Vater reißt man aus dem Kreise der Familie, den Bauer holt man vom Felde. - Man wird solche Zustände nicht lange aufrecht erhalten, meinen ein paar Optimisten; draußen in den Magazinen der ehemaligen Wehrmacht lagern noch genügend Reservebestände an Lebensmitteln und Bekleidung, man wird sie heranschaffen. - Hoffen wir es ... Was man bisher zur Betreuung der Massen herangeschafft hat, sind allerdings nur Pfähle und Stacheldrahtrollen, diese freilich türmen sich zu Bergen.

Am dritten Tag unseres Hierseins versetzt eine aufregende Kunde Teile des Lagers in fieberhafte Erregung. Wenige Meter von der südlichen Abgrenzung des Lagers, noch diesseits des Zaunes also, haben Kameraden einige Mieten mit Futterrüben aufgestöbert. - Diesen Aufbruch solltet ihr sehen! - Gleich dem wandernden Zug eines Ameisenvolkes ziehen die ausgezehrten, dem Verhungern nahen Gestalten nach den Mieten hinüber. Hier liegen sie auf dem Boden, bohren die verkrampften Finger in die Erde. Gierig, heißhungrig schlingen sie die Rüben ungewaschen hinunter. Lange noch, nachdem die letzte Rübe aufgezehrt ist, durchwühlen die Hände hungriger Menschen die Erde.

Laßt mich das Durcheinander der nächsten Tage überspringen.

120.000 Menschen hinter Stacheldraht

Wir leben nun in einer ansehnlichen Lagerstadt. Das heißt: der Begriff „Stadt" bezieht sich allein auf die Anzahl der versammelten Menschen. - Einhundertzwanzigtausend Seelen auf einem Gelände, etwa 800 mal 3000 Meter groß! Das Lager ist in ungefähr 22 bis 25 durch Stachdraht voneinander getrennte Flächen aufgeteilt. Die einzelne Fläche nennt man „Camp". Jedes Camp ist durchschnittlich mit fünf- bis siebentausend Kriegsgefangenen belegt, die in Tausendschaften aufgestellt sind. Eine Tausendschaft besteht aus zehn Hundertschaften; diese wiederum zergliedert sich in zehn Gruppen zu zehn Mann.

Was ist sonst noch von solch einem Camp zu berichten? - Es hat zur medizinischen Betreuung seiner fünf- bis siebentausend Menschen ein Revierzelt von dem Ausmaß einer doppelten Wohnstube. Darin geben sich ein deutscher Stabsarzt, ein paar Sanitätsunteroffiziere und Gefreite verzweifelt

Mühe, mit Instrumenten und Medikamenten, die ebenso armselig und unzulänglich wie in der Zahl gering sind, ihre wenig beneidenswerte Aufgabe zu erfüllen.

Die wichtigste Angelegenheit des ganzen Tages ist der Verpflegungsempfang! So etwas müßtet ihr mitansehen! - Der Campführer, ein Deutscher (ebenso sind auch die Tausend-, Hundertschafts- und Gruppenführer Deutsche), zieht mit seinen „Stäben" zum Verpflegungscamp. Jedesmal, wenn die Kolonne einer Tausendschaft mit Kisten, Säcken und Packen beladen ins Camp zurückkehrt, recken sich ein paar tausend Hälse dem Eingang zu. Man spricht und wägt und schätzt, stellt Vermutungen darüber an, ob die Ration heute vielleicht doch einmal etwas höher seien könnte wie seither, und macht lange Gesichter, wenn man die Zahl derer überschlägt, die als Träger mitgingen und nun leer zurückkehren.

Jetzt beginnt die Aufteilung!

Vor dem Wigwam des Campführers, einer malerischen, aus dem Blech aufgeschnittener Konservenbüchsen zusammengebauten Hütte, nehmen die Tausendschaftsführer ihre Rationen in Empfang; sie teilen wieder durch zehn und versorgen ihre Hundertschaftsführer. Die Hundertschaftsführer ziehen mit dem aufgeteilten Gut in ihren Bereich, teilen abermals durch zehn und händigen die mittlerweile beängstigend zusammengeschrumpften Häufchen den Gruppenführern aus.

Kampf um das Essen

Die Schlußphase ist das Aufregendste von allem: schier zum Skelett abgemagerte Gestalten umringen den Gruppenführer, ihren „zehnten Mann". Aus heißhungrigen, fieberhaften Augen verfolgen sie argwöhnisch jede Bewegung des Gruppenführers. - Es ist kein einfaches Amt, das der Ärmste da ausübt. - Er nimmt seinen Löffel aus der Rocktasche, streicht ihn mechanisch am staubigen, schlammverklebten Gewand „sauber" und beginnt an die im Halbkreis um ihn stehende nervöse kleine Schar auszugeben: 1 Löffel Grieß, Zucker, Milchpulver, Kaffee, Thunfisch, Tomatentunke. Von allem gibt es, wie gesagt, einen Löffel voll, bleibt etwas übrig, so wird es mit der Messerspitze aufgeteilt, und einen Heidenkrach gibt es, wenn einer glaubt, daß er zu schlecht bedient wurde. Hin und wieder gibt es noch eine oder zwei rohe Kartoffeln.

Der Mensch wird zur Bestie

Unglaublich, das - so denkst du vielleicht - so benehmen sich nur die Wilden im fernen Busch, nie aber moderne Menschen der abendländischen Zivilisation. - O, mein Freund, willst du dich davon überzeugen, wie schnell sich der Mensch zur Bestie, die Zivilisation zur Wildnis verwandeln kann, dann komme nur zu uns ins Kriegsgefangenenlager nach Sinzig am Rhein...

Zu den „Begnadeten" auf diesem Felde menschlicher Erniedrigung muß man zweifellos jene Kameraden (oder auch Kumpels) zählen, die eine Zeltplane, oder doch wenigstens eine Decke mit in die Gefangenschaft herüber zu retten vermochten. Diese (wenigen) Glücklichen schließen sich in Gruppen von zwei bis zehn Mann zusammen. Sie bauen sich behelfsmäßige Zelte, hüllen sich darunter in ihre Wolldecken ein und wenn das freilich auch kein Ersatz für ein noch so primitives menschliches Heim sein kann, so sind sie doch wenigstens vor den schlimmsten Unbilden

der Witterung geschützt. - Wir anderen, die nichts zu teilen, nichts zum Mitbenutzen und nichts zum gemeinsamen Gebrauch anzubieten haben, sind die ewig Einsamen, die „Alleingeher".

Leben in Löchern

Kaum dreihundert Meter vom Camp zieht, wie schon gesagt, der Rhein vorüber. Könnt ihr euch denken, wie ungemütlich besonders regen- und sturmdurchpeitschte Nächte sind! Wir suchen die Gewalt der peinigenden Nächte dadurch abzuschwächen, daß wir uns mit dem Deckel einer Konservenbüchse, mit einem spitzen Stein oder einem anderen Gegenstand ein Loch in der Erde auskratzen; gerade so groß und so tief, daß der gekrümmte Körper etwa eine Handbreit unter der Erdoberfläche zu liegen kommt. Das freilich hat nur so lange Zweck, als es bei Wind und Sturm bleibt. Sobald Regen einsetzt, ist es auch mit diesem anspruchslosen Schutz vorbei.

Überhaupt, welche Witterungskontraste bringt dieser Frühling, - dieser Mai des Jahres 1945! Tropische Hitzewellen, frostige Nächte, stunden-, ja tagelange wolkenbruchartige Regengüsse, - alles wechselt in jähem Umschwung durcheinander.

Unterdessen rollt jenseits des Stacheldrahtes, zwischen Rhein und Oder, die letzte Szene der blutigsten Kastastrophe, die je von Menschen entfesselt wurde, zu Ende. Aber so gewaltig und welterschütternd das Geschehn dort drüben auch sein mag: der Wellenschlag solcher Ereignisse wird im Augenblick in diesem Lager der Hundertzwanzigtausend kaum noch wahrgenommen. Sie leiden, hungern, frieren. Für viele ist das Grab letzte Heimstatt.

Remagens Bürgermeister plant den

Erinnerungen an die Toten von Sinzig und Remagen: Der Eingang zum Soldatenfriedhof bei Bad Bodendorf.

Bau einer Mahn-Kapelle zur Erinnerung an das einstige Lager. Sie soll zwischen Remagen und dem Stadtteil Kripp entstehen und wird im Sommer 1985 fertig sein. In der Kapelle soll die „Schwarze Madonna" ihren Standort bekommen, jene schlichte Tonfigur, die damals im Kriegsgefangenenlager geschaffen und seitdem in Kripp aufbewahrt wurde.

Chaos im Ahrkreis

Mehr und mehr näherte sich Anfang März das Kriegsgeschehen aus der Westeifel in Richtung Ahrquellgebiet und Ahrtal. Der heutige Staatsminister im Auswärtigen Amt, der Gerolsteiner Dr. Alois Mertes, berichtete uns aus jenen Tagen u. a.:

Meine Heimatstadt erlitt die ersten Bombenangriffe am 21. September, 2. und 20. Oktober 1944. Sie fielen auf Bahnhof, Leutersfeld und Sarresdorf. Meine Eltern berichteten mir. Ich selbst lag an der West-Küste (Marineflak). Am 5. November ging eine V 1 über Gees nieder. Sie forderte 13 Menschenleben. Die schwersten Bombardierungen Gerolsteins durch gegnerische Luftangriffe kamen nach dem Beginn der Ardennenoffensive: am Heiligabend verloren dabei 26 Gerolsteiner ihr Leben. Die Sorge der Soldaten um das Schicksal ihrer Lieben daheim gehörte zu den vielen Nöten jener Zeit. Weihnachten 1944 feierte die Pfarrei Gerolstein im Feuerschein der Bombenbrände die Mette. Am 27., 29., 31. Dezember 1944 und Neujahr 1945 folgten weitere schwere Angriffe mit vielen Toten und Zerstörungen. Ein Großangriff am 2. Januar 1945 verschüttete den Bahnhofsstollen: 51 Tote. Letzte Bombardements folgten am 21. und 22. Januar 1945: 12 Tote. Die Menschen waren ab Dezember 1944 ins Umfeld der Büschkapelle, in das Buchenloch, in die Munterleyhöhle „jeessdeppe" u. a. geflohen. 360 Gerolsteiner lagen mit Dechant Alois Molter an der Büschkapelle. Meine Eltern und Angehörigen waren in Hinterhausen bei Verwandten untergebracht. Während des zweiten Sturms der Amerikaner gingen Dechant Molter, Kaplan Schneiders und Schwester Brunhilde mit Zustimmung der Wehrmacht durch die deutschen Linien in die amerikanische Frontlinie, um die noch lebenden Gerolsteiner im Wald zu retten: durch Verhinderung des Artilleriefeuers in diesem Bereich. Im Gebiet Leutersfeld-Munterley lagen sich deutsche und amerikanische Soldaten in Sichtweite gegenüber und beschossen sich. Erst in der Frühe des 7. März zogen sich die deutschen Soldaten befehlsgemäß zurück. Soweit Alois Mertes.

Am 8. März 1945 - Remagen war schon besetzt - hatten Sonne und Frühlingsluft die Fahrbahnen des Nürburgringes schnee- und eisfrei werden lassen. Aber sie dienten weder der Industrie zu Versuchsfahrten noch warteten sie auf das Kampfgeschehen sportlicher Ereignisse. Und das Hotel beherbergte keine reisenden oder erholungssuchenden Gäste. Der langwährende Krieg hatte auch dieser Stätte sein Mal aufgedrückt: hier, wo viele Jahre die Fahnen der Nationen Europas wehten, wo die Hymnen der europäischen Völker erklangen, wenn es den Sieger zu ehren galt, wie überall, nistete die Trostlosigkeit, die Verlassenheit.

Straßenbaumeister Linnartz aus Adenau schrieb über den 8. März 1945: An diesem Frühlingstag erreichten gegen 15 Uhr die amerikanischen Panzerspitzen den Ort Nürburg: sie standen zu dieser Stunde auf dem Start- und Zielplatz. Der Nürburgring wurde Rollbahn der aufmarschierenden Panzer, über ihn walzten sie nach Osten und Süden, nach Rhein und Mosel hin. Hier ging es um einen andersartigen Sieg und um eine erschreckende Niederlage.

Das Tribünenhotel wurde Sitz wechselnder Truppenstäbe. Ein Gebäude ging in Flammen auf. Die Verwaltung der Nürburgring-Gesellschaft büßte ihre Rechte ein. Die vielen beweglichen und unbeweglichen Vermögenswerte waren Beutegut. Nicht nur der Truppen! Bald plünderte jeder, der selbstsüchtig und gewissenlos genug war, es zu tun.

Das verzweifelte Aufbäumen nutzte nichts mehr. Hier ein Sturmgeschütz auf verschlammten Wegen im Raum Blankenheim/Ahr.

Immer wieder das gleiche Bild in der Eifel bei Kriegsende: Deutsche Soldaten treten den Weg in die Gefangenschaft an, wie hier in Honerath bei Adenau.

Start und Ziel am Nürburgring. 1945 nur noch ein Torso. Alliierte Bomberverbände nutzten die auffallende Rennstrecke vorher beim Einflug ins Reichsgebiet als „Wegweiser".

In den Tunnels im Ahrtal suchten und fanden viele Menschen, vor allem aus Ahrweiler, in den letzten Kriegsmonaten Zuflucht. Manche Familie hatte dort ihre „Bretterbude". Hans Matschullas Zeichnung erinnert daran.

1. April. Ein Lastwagen mit Gaskocher, alt und nicht mehr lohnend für die Requisition, ein Fahrer, einige Streckenwärter... Es gehörte Mut dazu, diesen Leuten zu sagen, wir müssen nur anfassen, wir müssen retten, was zu retten ist! Mit diesen Worten und diesem Vertrauen beschwor der Geschäftsführer Toni Koll in den kritischen Tagen des Niederganges dieses Häuflein der Unentwegten. Mit den Lohnfahrten des Kraftwagens, mit der Pacht aus nutzbaren Grundstücken, mit dem Erlös aus einem verliehenen Viehbestand, welcher nur so der Requisition entgehen konnte, mit Einnahmen aus verliehenen Gerätschaften bestritt er damals eine improvisierte Verwaltung der Vermögenswerte. Die Wärter ersetzten die Handwerker; sie reparierten, wachten... Die Buchungskarteien kamen von dem Aschehaufen zurück. Als ein Jahr später die erste Prüfung durch eine Treuhandgesellschaft besorgt war, bestätigte sich die Verlust- und Schadensaufstellung: 800.000 Reichsmark waren dem Gesamtvermögen verlorengegangen. Davon entfielen allein auf das Hotel 120.000 Reichsmark. Davon war für 50.000 Reichsmark mit und für 120.000 Reichsmark ohne Requisitionsscheine gebucht. (Die Wiederbeschaffung erforderte später infolge der Preissteigerung fast die doppelte Summe!) Damals ging es schrittweise aufwärts. Die seit dem Kriege betriebene Landwirtschaft wurde wieder eröffnet. Die Einnahmen erlaubten es rundherum, den Stammarbeitern und Angestellten die Arbeitsplätze zu erhalten.

Und 1947 war es soweit! Das beschlagnahmte Vermögen wurde freigegeben und damit wurde ermöglicht, Reparaturen größeren Umfanges ausführen zu lassen, großzügiger zu planen und zu wirtschaften. Die Geschäftsführung hatte den Anschluß gefunden... die großen Vermögenswerte des Nürburg-

ringes waren gerettet. Noch mehr war damit geschehen. Der Fortbestand dieser Anlage sicherte einem wirtschaftlich schwachen Teilgebiet der Eifel und seinen hart ringenden Menschen eine bessere Zukunft! Dem Motorsport wurde eine weltweit bekannte Anlage erhalten, deren Baukosten einst runde 15 Millionen Mark erforderte. Das war eine beachtenswerte Tat, das war der Neubeginn.

Als am 17. August 1947 das erste Motorsportereignis für den Nürburgring angesagt wurde, stand zur Austragung nur die Südschleife zur Verfügung. Der Motorsportverband Rheinland-Pfalz und die Nürburgring-Gesellschaft vermochten durch Unterstützung der Militärregierung mit einem Motorradrennen aufzuwarten. 80.000 begeisterte Zuschauer erlebten hier die erste Motorenschlacht der Nachkriegszeit.

Leben im Ahr-Tunnel

Am 6., 7., 8. März 1945 stoßen die amerikanischen Truppen in den Kreis Ahrweiler von der Grafschaft und vom Nürburgring her. Die Brücke von Remagen kommt in ihre Hand. Auch in Ahrweiler warteten in den letzten Kriegswochen die Menschen auf Ruhe und Frieden. Einer von ihnen war Heinrich Böll, der erst kürzlich im Rundfunk noch einmal jene Stunden und Tage an der Ahr wachwerden ließ. Seit den Weihnachtstagen 1944 entdeckten die Leute aus Ahrweiler und Umgebung die Tunnels im Berghang als Rettung und Zuflucht. Die Rhein-Zeitung schrieb später über jenes Leben: Wie vom Urinstinkt vergangener Jahrtausende geleitet, suchten sie irgendwo sicheren Schutz. Schutz für die Kranken und Kinder, und nur ein Gedanke verfolgte sie: einmal ungestört schlafen können, noch einmal.

Dieser Gedanke bewog sie, mit der noch geretteten Habe in den Bergtunnel zu flüchten. Über Nacht erbauten sie in diesem Tunnel eine neue Stadt, in jenem ein neues Dorf. So entstand ein neues Dernau, Marienthal und ein neues Ahrweiler.

Eine Stadt im Berg; auf 2880 m^2, mit einer Wohnfläche von 1980 m^2 entstanden 234 kleine Häuschen. Hier hausten 516 Familien mit 2576 Personen. Rechnet man die Bodenfläche der Seitenwände der Häuschen und die schmale Straße in der Mitte ab, standen jeder Person 0,40 m^2 Wohnfläche zur Verfügung. Was das bedeutet, kann nur der ermessen, der es miterlebt hat. Im „Haus" Nr. 73 wohnten zum Beispiel 39 Personen. Es waren die Familien T. Pilati, Bruno Sonntag, Peter Fuchs, Hans Sonntag, Ph. Herbrand und Adam Knieps.

Anfangs brannte noch alle hundert Meter eine Lampe, welche vom Kucksbergtunnel, wo ein Rüstungsbetrieb untergebracht war, mit Strom versorgt wurde. Aber wie bald ging das zu Ende. Für die Bewohner der Stadt wurde es ewige Nacht. Nur in den kleinen Häuschen brannte sparsam eine Kerze oder eine selbstgebastelte Rohöllampe, die mit ihrem Rauch den kleinen Raum in dichte Nebelschwaden hüllte. Und hier lebten monatelang Menschen. Hier wurden Kinder geboren, Kranke stöhnten in ihren Schmerzen, und vielen erlosch das Lebenslicht für immer.

Wo waren in diesen Monaten die Schreier und großen Organisatoren? Wo waren die Heilrufer von vorhin? Niemand kümmerte sich in der großen Not um die hilflosen Bewohner der Stadt im Berg. In den ersten Tagen sah man sie noch stolz an den KZ-Häftlingen vor dem Kucksbergtunnel vorbeigehen, bis ihnen der Boden zu heiß wurde.

Die Einwohnerzahl im Silberbergtunnel wuchs von Tag zu Tag. Sollte nicht eine Katastrophe eintreten, mußte etwas geschehen. Im Dernauer Tunnel war Typhus ausgebrochen, es mußte etwas unternommen werden, daß diese Seuche nicht auf den Silberbergtunnel übergriff. Beherzte Männer stellten sich zur Verfügung. Unermüdlich griffen sie mit in die Organisation ein, um den Bergbewohnern wenigstens ein einigermaßen erträgliches Leben zu schaffen. Es wurden Hausnummern und Einwohnernamen an den Buden angebracht, um es dem Geistlichen, dem Arzt, dem Roten Kreuz, der Post und den Tunnelbewohnern zu ermöglichen, überhaupt jemanden im Notfall zu finden. Die Tunnelstraße und der Wasserabflußkanal wurden sauber gehalten. Kochherde durften nur noch vor dem Eingang aufgestellt werden, damit die Luft sauber blieb. Ein dringendes Bedürfnis war der Bau einer Kapelle, damit wenigstens im kleinen Rahmen Gottesdienst und geistlicher Beistand gegeben werden konnte. Die fehlenden Abdecksteine im Wasserkanal wurden ergänzt, damit in der Dunkelheit kein Unfall geschehen konnte. Denken wir nur ans WC: Jeder Tunnelbewohner wird darüber heute noch das Gruseln bekommen. Es ging vorbei, und vieles ist schon vergessen.

Es wäre nicht richtig, wollte man nur der ernsten Stunden gedenken. Bei allem Elend geschah auch manches, worüber herzlich gelacht wurde. Ich höre heute noch die drastischen Aussprüche, wenn im dunkeln Gang zwei mit den Köpfen zusammenstießen. Kam einer mit einem Topf gekochter Kartoffeln von draußen in den dunklen Tunnel, schrie der, um nicht angestoßen zu werden, „Heiße Würstchen", und von Haus zu Haus gab man ihm eine passende Antwort.

Das war das Leben im Tunnel. Die Bürger vieler Städte haben in Bunkern gelebt, aber kaum entstand eine Stadt im Tunnel wie hier.

Die Schriftstellerin Mathilde Husten hat dieses Dasein farbiger noch dargestellt, als es mit diesen Zeilen aquarelliert werden konnte. Es müßte ja auch davon die Rede sein, wie Dr. Habighorst die ärztliche Praxis in seiner Bude Nr. 71 aufrecht hielt.

Es kam das Ende. Für viele war es ein bitteres Ende. Wo waren die Angehörigen, wo überlebten die Väter und Söhne in Uniform den Krieg? Viele der Tunnelbewohner mußten noch länger hier hausen, weil ihr Heim zerstört war. Aber wo ein Wille, da ist auch ein Weg. Mit Eifer wurde aufgebaut, uns soll die Stadt im Berg ein Beispiel gegenseitiger Hilfe und Nächstenliebe bleiben...(J. L.)

Heinrich Böll erlebte das Kriegsende in Ahrweiler: Es waren schreckliche Tage.

Kommunaler Beginn

Der Krieg war noch nicht lange vorbei, da begann auch schon wieder das unbedingt notwendige kommunale Leben. Hierüber wußte vor Jahrzehnten Redakteur Harry Lerch zu berichten: Der erste Kommandant im Kreis Ahrweiler ist der Amerikaner Capt. Emry. Ihm folgen später die Franzosen Stroh, Boivin, Monfraix, Begel und die Delegierten Collot und du Mesnil-Adelée.

Von Capt. Emry wird Kreisoberinspektor Christian Ulrich als rangältester Beamter des Landratsamtes am 15. März zum Landrat berufen. Er erhält eine Armbinde als Legitimation. Tausend Fragen wollen beantwortet und tausend Probleme gelöst werden, vor allem die Ernährung, wobei ihm Ed. Schütz, Toni Appel, Rech, Wilh. Möhnen, Bengen und ein Diplom-Landwirt in der Lebensmittelbeschaffung und Prof. Dr. Merx als Dolmetscher zur Seite stehen. Toni Jarre wird Bürgermeister von Ahrweiler. Die Lebensmittelversorgung des Kreises ist anfangs günstig, ja, im Rundfunk wird gemeldet, Ahrweiler sei der besternährte Kreis. Das ändert sich, als im August die Requisitionen beginnen.

In Ahrweiler wird von Landrat Ulrich das Amtliche Kreisblatt für den Kreis Ahrweiler herausgegeben, das vom 16. Juni bis 20. August erscheint.

Es gelingt bald, durch eine großzügige Aktion den hungernden Gefangenen in den Lagern Kripp und Bodendorf Lebensmittel, Medikamente und Kleidung zuzuführen. Die gesamte Einwohnerschaft stellt Reste ihrer Habe zur Verfügung.

Oberlandwirtschaftsrat Hartmann wurde Leiter des Kreisernährungsamtes Ahrweiler.

Franz Zimmer wurde am 21. September Bürgermeister von Sinzig. Damit begann für die Barbarossastadt eine Ära großzügiger Industrieplanung.

In Antweiler wird Baumeister Hennes sogleich nach Einzug der Amerikaner als Amtsbürgermeister eingesetzt.

Amtsbürgermeister in Adenau wird der frühere Bürgermeister Johannes Müller.

Am 20. August wird Landrat Dr. Schüling, der bis zum 17. Juni in Kriegsgefangenschaft war, Landrat des Kreises Ahrweiler, berufen von seinem früheren Westerwälder Nachbarn, Dr. Boden (Oberpräsident von Rheinland-Hessen-Nassau). Am 1. Oktober wird seine kommissarische Ernennung bestätigt. Er bleibt Landrat des Kreises bis zum Herbst 1950, als er zum Regierungspräsidenten des Regierungsbezirkes Mainz ernannt wird und 1952 zum Regierungspräsidenten von Montabaur. Sein Nachfolger: Werner Urbanus.

In Remagen sind Amtsbürgermeister in dieser Reihenfolge: Steinhauer, Dr. Ley und Hilpert, später Dr. Füth und Dr. Kemming.

Die Ahrstrecke der Reichsbahn wird Anfang Juli im Verkehr Remagen - Adenau mit Unterbrechungen wieder aufgenommen.

Am 11. Juli ziehen die Amerikaner ab und am 18. Juli übernehmen die Franzosen die Kreiskommandantur (a). Landrat Ulrich wird am 1. August seines Amtes enthoben.

1946: Überall im Kreisgebiet geht der Aufbau weiter, der durch Materialknappheit freilich erschwert ist.

Ober- und Niederzissen werden von französischen Truppen verlassen.

Amtsbürgermeister von Niederzissen sind in dieser Reihenfolge: G. Pandorf, Dr. Zoller, Sandmeyer, P. Monreal, F. Schmitt, bis 1949 Amtsbürgermeister Lindner gewählt und eingeführt wird.

Am 20. Mai wird Wilhelm Bloser Amtsbürgermeister von Bad Neuenahr, der zugleich die Funktion eines Kurdirektors übernimmt, bis Dr. Dr. Rütten zurückkehrt.

Am 26. Oktober wird H. Braun Amtsbürgermeister des Amtes Niederzissen.

Hermann Josef Kreuzberg, zunächst Bürgermeister von Dernau, wird Amtsbürgermeister des Amtes Altenahr.

In Ahrweiler tritt zum ersten Male die Kreisversammlung zusammen.

Neuer Anfang

Sanitätsrat Dr. Habighorst schrieb 1955, zehn Jahre später über Ende und Neubeginn im Ahrgebiet u.a.: Die Bewohner des Ahrtals erlebten in diesen Wochen den Aufmarsch zu der Ardennenoffensive. Wälder unseres Kreises wurden zu großen Munitionsdepots. Die Evakuierung der Bevölkerung - auf freiwilliger Basis - nach Mitteldeutschland begann. Die Unentwegten sprachen noch vom Endsieg - die Einsichtigen aber sahen schon das Ende.

Die Bevölkerung der Kreisstadt und der Mittelahr verließen ihre Wohnstätten und suchten Zuflucht in den Tunnels einer im ersten Weltkrieg begonnenen, aber nicht ausgebauten Eisenbahnlinie, oder in Notunterkünften in den Wäldern. Zeitweise haben sich in diesen Stollen mehr als 5000 Menschen aufgehalten. Die sanitären Verhältnisse waren katastrophal.

Die Kreisverwaltung wurde Ende Januar 1945 nach Bad Neuenahr verlegt.

Sie bestand nur noch aus zehn Beamten und 28 Angestellten. Eine geordnete Verwaltungstätigkeit bestand also nicht mehr. Die Kreisstadt war mit der Eisenbahn nicht mehr zu erreichen.

Der sogenannte Volkssturm wurde in den ersten Tagen des März in den einzelnen Bezirken zum Einsatz gerufen. Nirgendwo aber trat er in Aktion. Die meisten Kreisbewohner leisteten den Befehlen keine Folge. Sie waren sich der Sinnlosigkeit dieses Einsatzes bewußt. Staat und Partei verfügten nicht mehr über die Macht und das Ansehen, um die Mobilisierung zu erzwingen. Selbst eine drohende Rede des Kreisleiters der NSDAP am 5. März an die Bevölkerung von Ahrweiler im Adenbach-Tunnel machte keinerlei Eindruck und löste nur höhnische und verbitterte Bemerkungen aus.

Das war die Situation, als am 7. März amerikanische Truppen nahezu kampflos in den Kreis einrückten. Das Hauptquartier einer US-Armee kam nach Bad Neuenahr. In den größeren Städten und Gemeinden wurden ganze Wohnviertel beschlagnahmt und mit Truppen belegt. Remagen mußte von der Zivilbevölkerung vollständig geräumt werden. Die Einwohner wurden notdürftig auf der Grafschaft und in der Kreisstadt untergebracht.

Obschon an der Ahr Wein und Spirituosen in großen Mengen in den Kellern lagerten und geplündert wurden, kam es nicht zu größeren Ausschreitungen gegen die Zivilbevölkerung.

An Sinzig erinnerte sich General MacArthur, im letzten Weltkrieg Chef der US-Truppen im Pazifik. Nach dem Ersten Weltkrieg war er als junger Besatzungssoldat in Sinzig. 1918 war die Lage anders als 1945. Ein Journalist schrieb über ihn: ...„Im Rheinland besetzte MacArthur ein wunderbares Schloß in der Stadt Sinzig, ungefähr 25 Meilen südlich von Bonn. Es war eine schwere Zeit für ihn. Während der viermonatigen Besetzung war er zweimal krank, zuerst mit einer Halsentzündung und dann mit Diphterie. Darüber hinaus war er besorgt über die geringe Moral seiner Truppen, die Heimweh hatten und Europa lieber jetzt als nach Ende des Krieges verlassen hätten. Er bewunderte aber auch Sinzig, „ein wundervoller Ort, umgeben von der Aura und der Romantik der Jahrhunderte", war beeindruckt von der „herzlichen Gastfreundschaft der Bevölkerung, ihrem geordneten Lebensstil, ihrer Strebsamkeit und ihrem Erfindungsreichtum", er erfreute sich auch ohne Zweifel an der Unterhaltung ehrwürdiger Besucher...

Rechts des Rheins

Zurück zum aktuellen Kampfgeschehen, das sich nun allenthalben östlich des Rheins abwickelt. Binnen weniger Tage kam für Westerwald und Lahngebiet das Aus.

Nach der Eroberung der Remagener Ludendorffbrücke am 7. März haben die Amerikaner innerhalb einer Woche enorme Truppenmengen über den Rhein geworfen, nicht zuletzt über im Eiltempo geschlagene Pontonbrücken bei Kripp-Linz und Remagen.

Am 16. März hieß es in den US-Nachrichten: Im Brückenkopf auf dem rechten Rheinufer sind jetzt bereits 10 amerikanische Divisionen zusammengezogen. Neue Verstärkungen strömen bei Tag und Nacht über die Remagener Ludendorff-Brücke und über die Pontonbrücken.

Auf deutscher Seite ist als letzte Verstärkung das 5. Fallschirmjäger-Regiment eingetroffen, nachdem die drei letzten kampffähigen Panzerdivisionen im Westen, die 9. und 11. Panzerdivision sowie die Panzer-Lehrdivision vom Oberbefehlshaber West um den Brückenkopf zusammengezogen worden sind.

Die Ludendorff-Brücke liegt bereits außerhalb der Reichweite der leichten deutschen Artillerie.

Deutsche Flugzeuge erlitten hohe Verluste durch alliierte Jäger- und Flakabwehr. Die Rheinbrücke erhielt nicht einen einzigen bedrohlichen Treffer.

Die amerikanischen Truppenbewegungen gehen über die Brücke ungestört weiter. Artilleriebeobachtung für schwere Geschütze ist unmöglich, weil die Basaltfelsen der Erpeler Ley jede Sicht versperren. Alle Versuche, den Brückenkopf auf dem rechten Rhein-ufer durch Gegenangriffe wieder einzuengen, sind mangels Reserven gescheitert.

Die Amerikaner haben bereits die ersten Höhenstellungen des Westerwaldes besetzt, Erpel genommen und sind im Vorstoß nach Süden in die Stadt Linz eingebrochen. 12 km weiter stromabwärts auf dem rechten Rheinufer wird in den Straßen von Unkel gekämpft.

Während die Gefahr auf dem rechten Rheinufer von Stunde zu Stunde wächst und mit neuen Vorstößen über den Rhein an anderen Abschnitten gerechnet werden muß, ist die Verteidigung im linksrheinischen Gebiet bereits überall nördlich der Mosel zusammengebrochen.

Heinz Schwarz, Abgeordneter im Deutschen Bundestag und einstiger

Fünfzehn- und Sechzehnjährige als Flakhelfer am Rhein. Hier steht Heinz Schwarz, MdB, und einst rheinland-pfälzischer Innenminister (lks. neben dem Flakscheinwerfer), mit Kameraden in der Stellung am Remagener Brückenkopf.

rheinland-pfälzischer Innenminister, war in jenen Wochen als junger Flakhelfer bei Erpel eingesetzt. Mit seiner Gruppe befand er sich auch am 7. März auf dem nördlichen Pfeiler der Remagen-Brücke, als die ersten Amerikaner mit ihren Panzern über den Strom rollten.

Heinz Schwarz, damals 16 Jahre alt: Im obersten Stockwerk des Turms befand sich die Telefon-Vermittlung für alle Einheiten im Bereich der Brücke, alle Flakeinheiten, Pioniere, Brückenkommandant sowie Kampfkommandant. Am 6. März meldete sich der Kampfkommandant mit folgendem Wortlaut: „Hier Kampfkommandant Hauptmann Bratge, bitte Brückenkommandant"! Ich „stöpselte" die beiden zusammen und hörte, gegen strenges Verbot, dem Gespräch zu. „Friesenhahn, hier Hauptmann Bratge, Heil Hitler, Herr Friesenhahn", „Heil Hitler, Herr Bratge". Dann Hauptmann Bratge: „Amerikaner bei Rheinbach durchgebrochen. Mit Vorstoß auf Bonn und Remagen ist zu rechnen. Brücke ist mit Zündung zur Sprengung vorzubereiten. Heil Hitler, Herr Friesenhahn", „Heil Hitler, Herr Bratge". „Noch Uhrzeit". Diese genaue Zeitangabe ist mir entfallen. Es war vor 12.00 Uhr an diesem 6. März. Ich wußte, jetzt kommt der Krieg nach Hause."

Kriegsende in Linz

Franz-Josef Würmeling, Bundesfamilienminister a. D. erlebte das Kriegsende in Linz am Rhein. Im März 1965 erschien in der RZ sein Bericht über jene Tage. Darin hieß es u. a.:

Linz, 9. März: Draußen wummst mit schweren Schlägen die Artillerie, man hört auch Schießereien mit Nahkampfwaffen. Gegen 10 Uhr gehe ich zur Oma. Alles sitzt in den Kellern. Die ganze Stadt ist voll von amerikanischen Panzern, Fahrzeugen und Soldaten. Amerikanische Flieger fliegen zahlreich über uns weg, ohne daß wir nun noch Sorge deshalb zu haben brauchen. Nachmittags kommen auch vereinzelt deutsche Flieger, werden aber durch ein unvorstellbares ohrenbetäubendes Abwehrfeuer aller nur denkbaren Waffen vom Taschenrevolver bis zur schweren Flak vertrieben, wie wir es nie zuvor auch nur annähernd erlebt haben. Man flüchtet bei Beginn dieses Tobens der Luftabwehr an einen möglichst wenig freien Platz, steht dort geduckt zwischen den sich ebenfalls dukkenden Soldaten bis nach wenigen Minuten der fürchterliche Lärm vorüber ist.

Unser Mittag- und Abendessen setzt sich fast ganz aus Resten von den Amis zusammen, die uns ausgezeichnet munden, nachdem wir vieles davon kaum noch kannten. Dieser erste Blick auf die vorbildliche Verpflegung der doch rasch vorgerückten Truppen war bei der Fülle des Vorhandenen ein Erlebnis besonderer Art. Das gleiche gilt auch von der offenbar vorhandenen Überfülle an Munition und Geräten.

Nachmittags gehe ich mit Tante M. in deren Wohnung in unserer Nähe, unterwegs wiederholt sehr beeindruckt durch schwere Artillerieabschüsse und erneute denkbar lärmende Abwehr deutscher Flieger. Tante M.s Wohnung finden wir von vorn bis hinten wüst durcheinandergewirbelt, da die Truppe dort übel gehaust hatte.

10. März: Die ganze Nacht gab es schwere Abschüsse der auf beiden Rheinseiten nahe dem Rhein stehenden amerikanischen Artillerie, die selbst unseren Betonkeller erschüttern. Auch tagsüber knallt es in einem fort, so daß man sich bei der Schwere der Schläge

kaum auf die Straße wagt. Der Kommandant hat für Linz Ausgang auf die Zeit von 9-11 und von 15-17 festgesetzt. Es ist aber sehr ungemütlich, herauszugehen.

Unser Kellerleben geht bei dem vielen Lärm draußen in unmittelbarer Nähe des mit Militärwagen vollgestopften Hofes unverändert weiter. Aber man ist doch froh, sich im Keller einigermaßen sicher zu fühlen.

Es beginnt die Sorge um die Erhaltung unserer Wohnung, die bisher nicht von Soldaten belegt ist. Vormittags finden wir vor unserer Haustür ein Schild „Reserved for Consul". Man hat also unsern Wohnflügel für eine Einheit reserviert, sagt aber, daß die Belegung unserer Wohnung noch nicht vorgesehen ist. Vorsorglich machen wir ein Schild vor die Tür: „Inhabitants are in the cellar", damit man erkennt, daß wir nicht geflüchtet sind. Verlassene Wohnungen in der Stadt wurden nämlich weitgehend demoliert.

Nachmittags trifft eine Lazaretteinheit ein, beschlagnahmt in unserem Beisein kurzerhand unsere ganze Wohnung, läßt uns die Möbel in jedem Zimmer an einer Seite zusammenstellen und zieht ein. Das gelegentliche Betreten der Wohnung wird uns zunächst gestattet. Ich gehe an diesem und den nächsten Tagen mindestens einmal in die Wohnung und ziehe dort die alte Familienuhr auf, um so auch nach außen das Hausrecht zu dokumentieren.

Merkwürdig ist das Verhalten amerikanischer Soldaten in den Wohnungen der Zivilbevölkerung, in der die Soldaten offenbar aufgrund der Goebbels-Propaganda lauter Nazis sehen. Ich spreche mit dem Geistlichen darüber, daß in Linz der weitaus größte Teil der Bevölkerung kirchlich katholisch ist und den Nazis in der überwältigenden Mehrheit feindlich gesinnt blieb. Er erwiderte mir, daß er seinen Soldaten dauernd klarzumachen versucht, daß hier ein wirklich christliches Volk lebt. Die Soldaten hätten ihn schon mehrfach gefragt, wie es komme, daß hier in den Wohnungen religiöse Bilder und Kreuze hängen. Nach der Nazipropaganda verstehe man nicht, daß es in Deutschland noch Christen gebe. Ich erzähle auch von dem harten Los der vielen Frauen und Kinder in unserem Keller, die nun schon - nach vielen Bombentagen der Zeit vorher - volle 8 Tage fast ganz ohne Licht, mit sehr wenig Wasser und in großer Enge dort hausen müßten. Er verspricht mir, sogleich etwas zu tun, und kommt bald darauf mit zwei großen Pappkartons, in denen er für die Kinder Kakao, Schokolade, Bonbons, Kekse, Kaugummi, Trockenmilch und Trockenei, ferner Weißbrot und eine Anzahl Kerzen zur Beleuchtung hat. Alles wird dann anschließend unter allen Kellerbewohnern verteilt. Bei den Kindern ist eine Stimmung wie an Weihnachten.

Heute wurde der stellvertretende Volkssturmleiter beerdigt. Es war ein Trauerzug von 10 Personen gestattet. Zwei Leichen wurden in Holzkisten zwischen Tanks und Militärwagen hindurch aus der Wohnung getragen und zum Friedhof geleitet. Ein trauriges Ende zweier Menschen, die bis zuletzt „geglaubt", aber doch nichts Böses getan hatten.

Fliegendes Standgericht

Über die strategischen Folgen der Brückenkopfbildung konnten keinerlei Zweifel aufkommen. Hitler ordnete deshalb peinlichste Untersuchung des Mißlingens der Sprengung und strengste Bestrafung der Verantwortlichen an. Wesentlicher als die Untersuchung war die Bestrafung. Als die Verantwortlichen waren anzusehen: 1. der Kampfkommandant von Remagen, Major Hans Scheller, 2. Major Strobel, (Pionier-Regimentsstab), 3. der Kommandeur eines Pionier-Bataillons, Major August Kraft, 4. der in Remagen verantwortlich eingesetzte Hauptmann Bratge und 5. der Chef einer Flak-Batterie, Oberleutnant Karl-Heinz Peters.

Im Bericht von RZ-Redakteur (von 1955) Willi Müller heißt es: „Am 10. März meldete sich Major Hans Scheller in Altwied bei seinem Kommandierenden General (67. AK., General Hitzfeld) nach mißlungenem Auftrag zurück. Der Führer der Heeresgruppe, Generalfeldmarschall Model, ist anwesend, Scheller wird in Haft genommen und in den Raum des Heeresgruppen-Quartiers gebracht. Das „Fliegende Standgericht West" tritt in Aktion.

Das Hauptquartier der Heeresgruppe befindet sich in der Gastwirtschaft Katzmann in Oberirsen - Ortsteil Rimbach. In der Gastwirtschaft Pick in Oberirsen sitzt General Hübner mit seinem „Fliegenden Standgericht West". Gegen Major Scheller und Oberleutnant Peters wird in Rimbach im Hause Eschmann verhandelt. Der Major ist im Hause Ochsenbrücher untergebracht und wird streng bewacht. Am Abend des ersten Verhandlungstages erfahren die Quartiersleute eines redseligen Stabsschreibers, die Offiziere hätten ihre Unschuld beteuert und gesagt, die Brücke sei nicht mehr zu sprengen gewesen, weil der Feind unseren Truppen auf dem Fuße gefolgt wäre. Weiter habe der Soldat gesagt - so erinnerte sich der Quartiergeber -, das Gericht könne den Offizieren wohl nichts anhaben, aber das Urteil müsse Hitler vorgelegt werden, und darum wisse man nicht, ob sie nicht doch erschossen würden."

Das Gericht entscheidet im Sinne Hitlers. Das Urteil wird am Vormittag des 13. März gefällt und sofort vollstreckt. Ein Landwirt hat zu Protokoll gegeben: „Vom Felde aus sah ich, wie gegen 10 Uhr einer der Offiziere von mehreren Soldaten in den Wald gebracht wurde. Kurz danach hörte ich einen Schuß fallen. Bald darauf traten die Soldaten aus dem Wald zurück und gingen wieder ins Dorf. Etwas später kam wieder ein Trupp und verschwand im Wald. Auch jetzt hörte ich gleich darauf einen Schuß fallen und sah dann die Soldaten wieder aus dem Wald treten und zum Dorf zurückgehen."

Einen Tag später, am 14. März, wird in Oberirsen im Gasthof Pick gegen die Majore Kraft und Strobel verhandelt. Der Gastwirt sagt später aus: „Gegen Mitte März 1945, den Tag weiß ich nicht mehr genau, kam General Hübner mit seinem Stab nach Oberirsen. Ich mußte diesem Stab mein Gastzimmer zur Verfügung stellen. Wir durften uns nur in der Küche aufhalten. Mein Haus wurde mit militärischen Posten umstellt, daß niemand an der Tür oder an den Fenstern horchen konnte. Persönlich habe ich den General Hübner nicht gesehen. Das Urteil wurde von ihm verkündet. Als erster wurde der Major Strobel unter militärischer Bewachung in den in der Nähe des Ortes liegenden Wald abgeführt und kurze Zeit danach denselben Weg der Major Kraft. Später erst erfuhr man von der Verurteilung und Erschießung."

Kraft und Strobel waren am Abend vorher nach Oberirsen gekommen und hatten für eine Nacht im Hause Heinrich Schmidt I Quartier gemacht. Von dem bevorstehenden Kriegsgerichtsverfahren haben sie entweder nichts gewußt, oder aber sich ihr Wissen nicht anmerken lassen. In Haft waren sie jedenfalls nicht. Am 14. März begaben sie sich morgens in das Quartier des Generals Hübner, von wo sie ein Offizier ins Haus Hermann Grab brachte. Dieser Offizier holte später Kraft und Strobel nacheinander ab zu einem Gang, der im Wald bei Oberirsen endete. Als sich der Kraftfahrer der beiden Offiziere mittags nach deren Verbleib erkundigte, waren sie bereits tot.

Hauptmann Bratge, der fünfte der „Verantwortlichen", wurde in Abwesenheit zum Tode verurteilt. Daß er bei dem Versuch, die Brücke in Remagen doch noch in den Rhein zu stürzen, in Gefangenschaft geriet, wußte man im Stabe Models nicht."

Vorstoß in den Westerwald

Durch das schnelle Vorstoßen der US-Truppen war der Rheinstrom in den ersten Märztagen zur Front geworden. Die Bildung des Brückenkopfes zwischen Linz und Erpel (Remagenbrücke) am 7. März ermöglichte das weitere Vorrücken der Amerikaner in den Westerwald, ins Sauerland, zum Ruhrgebiet, stromaufwärts über Linz, Hönningen, Leutesdorf, Neuwied nach Koblenz-Ehrenbreitstein. Eine geordnete Verteidigung gab es kaum mehr. Vor der Einnahme der Städte litten diese noch unter Bomben und Granaten.

Einer, der den Ausbruch der US-Verbände aus dem Remagener Brückenkopf Richtung Norden miterlebte, war Konrad Adenauer im nahen Rhöndorf. Erst Monate zuvor hatte er einen Unterschlupf vor der Gestapo (Geheime Staatspolizei) in der Nistermühle bei Hachenburg gefunden. Dort verhaftete man ihn nach Wochen und brachte ihn zeitweilig ins Gefängnis Köln-Brauweiler.

In der RZ hieß es später u. a.: Das Aufrollen den Rhein entlang erfolgte, wie man im alliierten Rundfunk hören konnte, mit dem Ziel, schnellstens die Rheinhöhe rechtsseitig in Besitz zu bekommen und dann den Hauptstoß quer über den Westerwald zu führen und seitwärts die Sieg- und Lahnufer zu erreichen. Der Remagener Brückeneinsturz am 17. März brachte den Vormarsch im Unterwesterwaldkreis kurz ins Stocken und beschleunigte die Absatzbewegungen und Hinhaltegefechte der deutschen Einheiten. Als um den 20. März der Nachschub über den Strom unter absoluter Luftbeherrschung reibungslos einsetzte, erreichten die Spitzenverbände bereits am 23. März die Räume Höhr-Grenzhausen, wenig später standen sie mit Flankenausweitung bei Flammersfeld in Richtung Altenkirchen, drückten am 25. März über Hachenburg auf die alte Heerstraße und hatten mit weiteren Schwenkungen am 28. März schon die Höhengemcinden des Daadener Landes besetzt. Am 10. und 25. März warfen alliierte Verbände zahllose Bombenteppiche auf Altenkirchen. Es gab viele Tote. Während die weitere Zangenbewegung auf Siegen zuging, zog sich vom Westerwald der Ring zur Sieg immer enger. Am 29. März drangen die Vorhuten durchs Daadetal bis Schutzbach. Karfreitag war im Mittelsieggebiet einer der schlimmsten Tage. Die feindliche Artillerie begann am 29. März den Beschuß mit weittragender Artillerie, die von Hachenburg über Gebhardshain bis Altenkirchen das Gebiet Wissen-Kirchen-Mudersbach bestrich, wo sich jenseits der Sieg deutsche Granatwerfer festgesetzt hatten, um den Vormarsch zu stoppen.

Aufgelöst und in fliegender Hast kamen durch Schluchten und Waldwege Reste versprengter deutscher Einheiten. Brennende Kraftwagen säumten die Rückzugsstraße, die meisten Fuhr-

Bad Hönningen: Weiße Fahnen hängen beim Einmarsch der Amerikaner an vielen Hauswänden.

parks erreichten das Siegtal nicht mehr, weil es an Brennstoff mangelte. Auf der V 2-Abschußstelle (Fernraketen) im Walde bei Neunkhausen, wo die Abschußbahnen und alles an Vorräten angezündet und gesprengt wurde, war der Himmel in der Nacht vor dem Einmarsch im Flammenschein gerötet. Für Hitlers V-Waffen (Vergeltungswaffen), die seit Juni 1944 gegen England, dann gegen Ziele in Frankreich und Belgien eingesetzt wurden, war das Ende gekommen! Fliegende Bomben (V1) und hochfliegende Raketen (V2) fielen in großen Mengen den Alliierten in die Hände.

In Betzdorf erreichten die Amerikaner zuerst die linke Siegseite, und zwar am Karfreitag (30. März). Dadurch konzentrierten sie das deutsche Störfeuer aus dem Katzwinkler und Mudersbacher Raum auf den Ortskern und die umliegenden Orte. Erst am 2. Ostertag (2. April) gelang es, über Hohenbetzdorf und Wallmenroth die alte Poststraße Katzwinkel zu erreichen, was die Deutschen im nördlichsten Kreisteil zum schleunigen Abzug nötigte. Stärkerer Widerstand wurde leider zum Nachteil für Hab und Gut und kostbare Menschenleben von deutschen Einheiten bei Wissen geleistet, wo den Amerikanern der endgültige Übergang über die Sieg auf die Birkener Höhe erst am 5. April gelang. Damit war der Westerwald völlig in amerikanischer Hand.

Das Verhalten der feindlichen Fronttruppen war unterschiedlich und richtete sich häufig auch danach, wie in einem Ort Widerstand geleistet wurde und die vorrückenden Truppen dabei noch Verluste erlitten. Wo Verluste zu verzeichnen waren, ist es nicht selten zu schweren Zusammenstößen, zeitweiser Einsperrung von Zivilisten und Plünderungen gekommen.

Der „Rhein-Lahnfreund" veröffentlichte vor zehn Jahren (1975) Tagebuchnotizen und Augenzeugenberichte aus jenen Tagen, denen folgende Detailschilderungen zu entnehmen sind:

Das 5. US-Korps stieß am 25. März in der Mitte des Remagener Brückenkopfes nach Osten. Die 1., 3. und 104. US-Panzerdivision durchbrachen im ersten Anlauf die deutschen Stellungen und gewannen ohne größere Gegenwehr 17 km Raum in Richtung Lahn. Alle Bemühungen der mittleren und unteren Führung, wenigstens geschlossene Kampfgruppen zu bilden, wurden durch die pausenlos geführten Panzerangriffe von vornherein zerschlagen. Es gab keinen Zusammenhalt der Front mehr! Heeresgruppenkommando und Armee-Oberkommando konnten zwar durch Funk und Draht noch Befehle erteilen, doch bevor diese zu den Divisionen durchkamen, hatte sich das Lagebild schon wieder grundsätzlich geändert. Die deutschen Truppen verloren jeden Anschluß nach links und wurden am 25. März nach Norden gedrängt. Altenkirchen und Höhr-Grenzhausen fielen. Beamte des Postamtes Montabaur meldeten sich telefonisch bei der Heeresgruppe und berichteten, daß nördlich der Stadt amerikanische Panzer über die Autobahn fahren würden. Sonst kam keine Meldung mehr an das Heeresgruppenkommando!

Montabaur

Als Ebernhahn im Bombenhagel fast unterging und kurz danach „Jabos" ihre tödliche Last auch auf den Montabaurer Bahnhof und das angrenzende Gelände abluden, wuchs die Angst der Bevölkerung. Stündlich erwartete man einen Fliegerangriff auf Montabaur, das zwar kein militärischer Stützpunkt war, aber von zurückweichenden deutschen Soldaten durchquert wurde. Die zuvor vom Kreisleiter befohlene Er-

Betzdorf, Altenkirchen und Kirchen an der Sieg wurden vom Schrecken des Krieges in der Schlußphase mit voller Wucht getroffen. Hier die schwer mitgenommene Betzdorfer Friedrichstraße.

Den 19. Februar 1945 wird man im Raum Betzdorf und Kirchen nicht so schnell vergessen. Auch am 12. März schlugen, vor allem in Betzdorf die alliierten Luftflotten noch einmal hart zu. Es gab viele Tote. Hier ein Blick aus der zertrümmerten Schützenstraße auf den ausgebrannten Breidenbacher Hof.

richtung von Barrikaden und Panzersperren an den Einfallstraßen der Stadt, die nur widerwillig und in Furcht vor dem unbarmherzigen harten Zugriff der damaligen Machthaber vorgenommen worden war, hatte die Sorge vor den zu erwartenden Maßnahmen der herannahenden US-Truppen noch gesteigert.

Zunächst aber verbreitete das im Amtsgericht tagende Schnellgericht großen Schrecken. Kompetenz und Zusammensetzung kannte man nicht. Seine blutige Tätigkeit offenbarte sich in der Füsilierung deutscher Soldaten in der Ziegelei und der Erschießung der ehemaligen Kommunisten Edel aus Holler und Skatulla aus Montabaur in der Kiesgrube an der Limburger Straße. Die Verantwortlichen und die genaue Zahl der Opfer sind bis heute unbekannt. Für den jungen Kaplan von der Stadtkirche war es ein schreckliches Erlebnis, den zu Unrecht Verurteilten in ihrer letzten Stunde geistlichen Beistand zu leisten.

Am 26. März wich endlich die Angst vor dem NS-Regime: Der Kreisleiter hatte - wie vorher der Landrat - die Flucht ergriffen, ebenso der Bürgermeister, der später sogar mit seiner Frau freiwillig aus dem Leben schied, obwohl ihm keiner wegen seiner Tätigkeit hätte ein Haar krümmen können. Gegen 14 Uhr fuhren amerikanische Panzerspähwagen vorsichtig und ohne einen Schuß in die Stadt. Einige weiße Fahnen zeigten den Einrückenden, daß sie keinen Widerstand zu erwarten hatten. Vielleicht trug der auf dem ersten Panzer einfahrende Jakob Leipold dazu bei, daß die „Übergabe" so reibungslos und vor allem so rasch verlief. Als Angehöriger der US-Besatzungsmacht nach dem I. Weltkrieg war er in Montabaur geblieben, hatte sich hier verheiratet und diente nun den Amerikanern als Dolmetscher.

Die Bediensteten der städtischen Verwaltung, die im Rathaus versammelt waren, staunten, als schon knapp eine Stunde nach dem Einmarsch der Montabaurer Franz Helm als stellvertretender Landrat und Beauftragter der Besatzungstruppen erschien und ihnen die ersten Maßnahmen auftrug. Diese galten der Sicherheit der amerikanischen Soldaten, die in öffentlichen Gebäuden untergebracht waren, so daß die Bürger der Stadt von einer Einquartierung fast unbehelligt blieben. Bald bogen sich die Tische unter der Last der zur Ablieferung befohlenen Gegenstände: Gewehre, Munition, Degen, Säbel, Bajonette, „Ehrendolche", Film- und Fotoapparate. Es gab keine Empfangsbescheinigungen, auf die sich später ein Ersatzanspruch hätte gründen können. In den nächsten Tagen kam eine stattliche Reihe US-Soldaten ins Rathaus und holte sich seine „Kriegsbeute". Die Ausgangssperre von 20 Uhr bis 6 Uhr berührte die Bürger nicht sonderlich.

Über die Ereignisse in Höhr-Grenzhausen schrieb Albert Reusch: „Am 5. Januar, gegen Mittag, näherte sich ein Bombengeschwader. Diesiges Wetter verhüllte den anfliegenden Pulk, der sich vermutlich verirrt hatte, da nach eigenen Meldungen die Eisenbahnlinien des Westerwaldes Ziel des Angriffes sein sollten, um die Ausladerampen zur Versorgung der V-Waffen zu zerstören. Die ersten Bomben fielen zwischen Grenzau und Grenzhausen; schon gab es Tote in zerstörten Häusern. Gottlob fielen die meisten Sprengbomben in das offene Gelände des Moosberges, dessen winterliche Decke wie gepflügt erschien. Doch schon gleich darauf erreichte die Vernichtung das eigentliche Stadtgebiet: Umgebung der Mittelschule, des Amtsgerichtes, des Krankenhauses und der katholischen Pfarrkirche, ohne die genannten Gebäude selbst zu zerstören. Dagegen wurde das Rathaus der Stadt vernichtet. Auch mehrere Fabriken und zahlreiche Wohnhäuser des Stadtteils Höhr wurden getroffen. Die Besatzung des Geschwaders hat wohl selbst die Ziele nicht gesehen, sondern wahllos ihre Bombenlast abgeworfen. In der ganzen Gemarkung sind zahlreiche Trichter festgestellt worden.

Kaum waren der Schrecken und die größte Not vorüber, kam ein zweiter (wenn auch nicht so verheerender) Angriff am 16. Februar, der der Bahnlinie Hillscheid-Höhr galt. Außer mehreren Wohnhäusern wurde der Bahnhof zum zweiten Male getroffen.
Bomben auf Dierdorf: Über 70 Tote

Als Mitte März die Front näherrückte, wurde die Stadt Montabaur von Artillerie beschossen, zunächst mit größeren Kalibern, die Straßen und Eisenbahnlinien zum Ziel hatten. Einige Tage später verstärkte sich das Artilleriefeuer und erfaßte das gesamte Stadtgebiet.

Am vierten Tag nach dem Einmarsch wurden die städtischen Bediensteten zur Überprüfung ihrer politischen Vergangenheit zur Kommandantur im Schloß befohlen. Mit wenigen Ausnahmen durften sie ihre bisherige Tätigkeit weiter ausüben. Fahrer von Dolmetscher Leipold wurde der Angestellte Nebgen, der nun für die Stadt und die Amerikaner arbeiten mußte.

Das Bild änderte sich schlagartig, als die Amerikaner den Franzosen Platz machten. An die ersten Wochen nach dem Einzug der französischen Truppen und deren Gefolge erinnert man sich nur ungern. In Siershahn verbreitete für einige Zeit ein Gefangenenlager Angst und Schrecken.

Vom Feind zum Freund

Die deutschen Behördenleiter in den Nachkriegsjahren hatten in regelmäßigen, später immer größeren Abständen zum „Befehlsempfang" bei der Besatzungs-Delegation zu erscheinen. Die Franzosen gaben sich, so wird später erklärt, im Westerwald immer recht höflich. Der erste Bezirksdelegierte war der Oberst Chevalier, ein sehr gebildeter Mann.

Das Verhältnis zu ihm charakterisierte z. B. der Westerwald-Landrat Feid mit folgenden Worten: „Oberst Chevalier hat mir einmal gesagt, er sei als Feind der Deutschen gekommen und gehe als Freund der Deutschen. Chevalier hat die Deutschen in Frankreich von der negativsten Seite kennengelernt. Er hat sich zusehends zu einer positiven Haltung hin gewandt. Chevalier war ein „ausgekochter Fuchs", dem nur zu begegnen war mit einfacher, schlichter Ehrlichkeit. Er ließ sich nicht beschwindeln und hintergehen. Ich habe ihm bei meinem ersten Besuch erklärt: „Sie sehen in mir einen Deutschen. Wenn ich Ihnen etwas sage, dann können Sie sich darauf verlassen, daß das wahr ist. Sie können mir aber nicht zumuten, daß ich die Interessen derer verrate, die ich hier zu vertreten habe!" Auf dieser Basis haben wir miteinander verkehrt, und ich konnte manches bei Chevalier erreichen. Manches Stück Großvieh wurde von der Auflage gestrichen..."

Oberst Chevalier wurde 1949 abgelöst durch den Delegierten Senechal, einen sehr jovialen Franzosen, der sich als ein ausgesprochener Freund der Deutschen zeigte. Er ging Anfang 1952 wieder nach Frankreich zurück.

Wenig Widerstand

Es hieße die Ereignisse dramatisieren - wie das der Wehrmachtsbericht Ende März 1945 tat - wollte man von einem „Kriegsschauplatz Westerwald" sprechen und von schweren Kämpfen. Mißt man den Einzug der Amerikaner in den Kreis mit Kriegsmaßstäben, so haben hier nur gelegentliche und vereinzelte „Vorpostengeplänkel" stattgefunden. Die zurückflutenden deutschen Truppen leisteten fast nirgends Widerstand, von einer Frontlinie war nicht mehr zu reden. Die das Zeichen der Auflösung tragenden deutschen Verbände zogen sich zurück, sie dachten überhaupt nicht mehr daran, den vordringenden Amerikanern Einhalt zu gebieten. Der Volkssturm kam im Westerwald nicht zum Einsatz, er löste sich sehr schnell auf. Vereinzelt standen kleine Volkssturmgruppen im Gefecht, wie bei Selters, wo ein Mann fiel. Einige kleine Einheiten der SS versuchten zwar verschiedentlich, einen Widerstand zu organisieren, verschwanden aber auch in Richtung Osten.

Von der Tätigkeit einer Untergrundorganisation, die den Namen „Werwolf" trug und die den Alliierten das Leben schwer machen sollte, war nirgends etwas zu verspüren.

Am 16. März, als viele zurückflutende Landser über die heutige Bundesstraße 54 marschierten, griff ein Geschwader zweimotoriger Bomber Rennerod an, Tod und Verderben hinterlassend. Die Straßen glichen riesigen Kratern. Viele Gebäude waren zerstört. Die Zahl der Toten betrug fast 50. Eine genaue Feststellung war nicht möglich, da viele Leichen verstümmelt und Körperteile verstreut herumlagen. Auch die Identifizierung konnte nicht vollständig durchgeführt werden, da sich Unbekannte unter den Opfern befanden. Ärzte, die bald eintrafen, retteten manchen Schwerverletzten, während für einige, die versteckt zwischen den Trümmern lagen, jede Hilfe zu spät kam.

Diese Ereignisse und die niederschmetternden Nachrichten ließen die Bevölkerung endgültig resignieren. Am 25. März abends hatten die US-Panzereinheiten Hellenhahn erreicht. Einige Fanatiker schossen noch von Rennerod aus. Daher vermuteten die Amerikaner dort größere Verbände und eröffneten das Feuer. Rennerod wurde die ganze Nacht über beschossen. Am folgenden Morgen begann der Vormarsch über die sogenannte Napoleonstraße, die am heutigen Renneroder Friedhof vorbeiführt. Der Kirchturm wurde in Brand geschossen, da man dort ein Widerstandsnest vermutete. Die Amerikaner fuhren auf Nebenstraßen ins Ortsinnere, weil sie auf den Hauptstraßen mit Minen rechneten. Ohne Widerstand fiel jedoch dieser Knotenpunkt in ihre Hand.

22. März: Neuwied

Aus dem Brückenkopf Linz-Erpel ausbrechend fächerten die US-Truppen in alle Himmelsrichtungen aus. Die rechtsrheinischen Städtchen und Städte wurden oft erst von den Westerwaldhöhen aus besetzt. Linz, Bad Hönningen, Rheinbrohl, Leutesdorf wurden nacheinander besetzt, nachdem vorher Artillerie von den Eifelhöhen aus tagelang die Gemeinden mit Granaten belegt hatte.

Am 22. März, erst elf Tage nach der Eroberung der Remagenbrücke, zogen die Amis in Neuwied ein, das buchstäblich in letzter Stunde einer Vernichtung entging.

Die ganze Härte des Luftkriegs bekam Irlich zu spüren. Zwischen dem 8.

Deutsche Kriegsgefangene werden mit Ami-Lastwagen im Bereich der 1. US-Armee durch Neuwied-Niederbieber abtransportiert.

9. 1944 und dem 28. 2. 45 gab es 16 Angriffe auf Irlich. Durch verfehltes Ziel, meist die Brücken an der Wiedtalmündung, fielen einmal sogar Bomben auf Kettig, wobei es dort 20 Tote gab. Am 3. Nov. 1944 waren in Irlich über 60 Tote zu beklagen.

Nicht ohne innere Erregung liest so mancher aus dem Raum Neuwied, was der evangelische Pfarrer Hans Meyer (er war seit 1935 Pfarrer in Neuwied und starb 1971) in seinen Erinnerungen „Neuwied in den letzten Kriegswirren 1945" niederschrieb.

Darin heißt es: Am 16. Februar 1945 kam ich in Neuwied von der Ostfront her verwundet an. Am 9. März wurde das Lazarett aus Neuwied verlegt - nach Limburg, hieß es. Für mich stand die Frage offen, ob ich als Ambulanter mitgehen oder bleiben sollte. Ich entschloß mich zu letzterem.

So meldete ich mich im Lazarett ab und suchte eine Stelle, wo man mich verwenden könnte. Im Neuwieder Flakturm geriet ich in eine Lagebesprechung, die der Ia einer Division leitete. Ich hörte ein paar Minuten zu. Der Ton war mir bekannt: Widerstand bis zum Letzten, um jeden Preis, Erschießen aller Defätisten... Das war der Stil, bei dem ohne jede Rücksicht auf militärischen Sinn oder Unsinn Menschen „verheizt wurden". Ich empfahl mich und ging zum Standortältesten, Hauptmann Kupp, aufs Wehrbezirkskommando. In ihm fand ich einen ruhigen und besonnenen Mann, der vor allem noch etwas von Verantwortung für die mit Zivilisten vollgestopfte Stadt kannte. - Im Gespräch unter vier Augen wurde uns klar, daß es darum ginge, jedes Vabanquespiel mit Menschenleben zu vermeiden, nicht ohne Notwendigkeit den Kampf auf die Stadt zu ziehen

Pfarrer Hans Meyer: Das Ende des Kampfes um Neuwled.

Der große „Bunker" in Neuwied, der vielen Menschen Schutz gegen die Bomben gab, wurde kurz nach dem Krieg gesprengt.

So sah es Ende des Krieges nach einem Luftangriff in Neuwied aus.

und Ruhe und Ordnung zu sichern. Er erreichte, daß ich ihm durch das Generalkommando in Wiesbaden „z. b. V." mit Rücksicht auf meine Verwundung zugeteilt wurde und erhielt zunächst den Auftrag, im Gymnasium an der Engerser Landstraße Versprengte zu sammeln.

Am selben Tage erschienen auf den Höhen von Bassenheim ein paar vereinzelte amerikanische Panzer und schossen in das Gedränge der von Eifel und Ahr her zurückflutenden Armee Model hinein, das sich vor der Engerser Brücke staute. Da kurz zuvor die Remagener Brücke durch Handstreich genommen worden war, ließ der zuständige Pionieroffizier in Engers die Brücke sprengen.

Das hatte die Wirkung, daß Panzer, Geschütze und Fahrzeuge der Armee auf dem Westufer des Rheins liegen blieben und statt einer Armee nur ein Haufen in voller Auflösung über den Rhein kam. Für Neuwied mag das immerhin die Folge gehabt haben, daß für eine Verteidigung mit ernstzunehmenden Waffen kaum noch etwas übrig blieb.

Alle aufgefangenen Versprengten sollten auf Befehl von Model in Neuwied bleiben und eingesetzt werden. Ich ließ statt dessen jeweils Gruppen der gleichen Division zusammenkommen, ließ die Männer schlafen, sich verpflegen und schickte sie dann unter Führung eines Unteroffiziers oder Offiziers auf den Westerwald.

Einmal war es unmöglich, sie in Neuwied zu bewaffnen, eine Besetzung des Rheinufers in Neuwied war aber auch militärisch völlig sinnlos: Die Amerikaner hatten die Remagener Brücke in Besitz und brauchten wirklich in Neuwied keinen Übergang zu erzwingen. Und schließlich lag mir daran, in Neuwied keine Soldaten zusammenzuballen und möglichst viele Leute auf den Weg nach Hause zu schicken.

Das war aber nur möglich, indem man sich selbst und die Männer dem Zugriff der zahllosen Truppenteile und Stäbe entzog, die in diesen Tagen durch Neuwied kamen und natürlich jedesmal verkündigten, daß „Alles nur auf ihr Kommando zu hören habe".

Ich weiß nicht, wie viele Gespräche mit Offizieren aller Dienstgrade ich in jenen Tagen geführt habe, um ihnen klarzumachen, daß es völlig sinnlos sei, die erschöpften, demoralisierten und unbewaffneten Soldaten als „Wacht am Rhein" in Neuwied aufzubauen, daß man sie - wie wir es von der Wolga bis an die Donau getan hatten - sich rückwärts sammeln lassen müsse, um sie als einigermaßen brauchbare Truppe wieder in Stellung führen zu können - und daß es ein höchst fragwürdiges Unternehmen sei, ausgerechnet um Neuwied einen Kessel vollzustopfen und verteidigen zu wollen, wo die Amerikaner bereits von Linz her über die Höhen angriffen.

Bemerkenswert war die Treue und Unerschrockenheit, mit der die noch anwesenden Ärzte und auch Seelsorger bei den ihnen anvertrauten Menschen aushielten und sie z. T. gemeinsam in den Bunkern aufsuchten, trösteten und betreuten.

In dem Maße, wie man sich der Illusion hingab, die zögernden Amerikaner wieder aus dem Remagener Brückenkopf herausdrängen und eine Rheinfront errichten und halten zu können, wurden die Leute des „Durchhaltens bis zum Letzten" in Wehrmacht, Partei und Volkssturm aktiv. Und wir bekamen sie dann zu spüren. Bei jedem deutschen Vorstoß gegen den Brückenkopf erschienen in Neuwied Männer mit Parolen, die die ohnehin verängstigte Bevölkerung noch mehr bedrängte: Hier wird durchgehalten und bis zum Letzten gekämpft! - Gleichzeitig fing dann immer das Suchen nach „Defätisten" und „Verrätern" an.

Den letzten Alpdruck verursachten die Machthaber durch ihren „Evakuierungsbefehl", der eines Tages öffentlich angeklebt wurde. Es ist wohl kaum zu sagen, welche Angst und Verwirrung die ständige Drohung mit diesem Befehl unter den Menschen in den Kellern hervorgerufen hat. - Und wie sah er aus? Da hieß es, die Menschen hätten sich unter Mitnahme der nötigsten Habe und Verpflegung für x Tage zu sammeln und auf den Westerwald zu trekken, wo sie dann weitergeleitet würden... Eine Unterschrift fehlte! Er kam von der Gauleitung. Ich hielt diesen Befehl für das Muster verbrecherischer Verantwortungslosigkeit. Aus einer Stadt, die unter ständigem Beschuß lag, deren Ausfallstraßen ebenfalls dauernd beschossen wurden, über der 2 bis 3 Artillerieflieger kreisten, sollten 18.000 bis 19.000 Menschen auf den Westerwald „trecken" - der aber seinerseits schon seit Wochen völlig verstopft war mit Soldaten der zerschlagenen Armee, mit Flüchtlingen, und dessen Landstraßen ständig von Jabos (Jagdbombern) besucht wurden. Unterkunft, Verpflegung und Versorgung waren undurchführbar, statt dessen mußte damit gerechnet werden, daß die Menschen mitten ins Kampfgebiet hineinrennen würden, wenn der Amerikaner - wie sicher anzunehmen war - längs der Autobahn vorstoßen würde.

In den letzten Tagen kam noch einmal eine Gefährdung der Stadt in Gestalt eines „Bataillons" und seines Kommandeurs, der Neuwied als Abschnitt übernahm. Mitten in der Nacht erschien plötzlich bei mir in der Schule neben dem Bezirkskommando ein Oberleutnant, stellte sich als Batl.-

Kommandeur und Kommandant von Neuwied vor - und wollte mich und meine Leute sich unterstellen. Es bedurfte einiger Mühe und Schärfe, um ihm klarzumachen, daß ich nicht daran dächte, mich ihm zu unterstellen - daß ich ganz bestimmte positive Aufgaben hätte und den sinnlosen Amoklauf eines Kampfes um eine offene Stadt voll Menschen ablehnte. Er überließ mir dann die gesamte Rheinfront und setzte sein Bataillon - einen Haufen von etwa 250 aufgesammelten Versprengten - von der Wiedbachmündung landeinwärts ein. Ich besetzte die Rheinfront wie bisher mit einem Doppelposten je Kilometer; das genügte völlig, in Rußland hatten wir in entsprechender Lage gelegentlich noch weniger gehabt. Die anderen machten weiter Wach- und Löschdienst. Der Adjutant des Oberleutnants, ein junger Lehrer, sagte mir allerdings nachher unter vier Augen, es sei nicht so schlimm, wie es sich anhörte, und sie seien ja in einer Zwangslage. Ich versuchte nun immer wieder dem Oberleutnant klarzumachen, daß man Neuwied bei einem Angriff von Wollendorf her kaum verteidigen könne, daß dann vielmehr nur der Höhenrand des Westerwaldes in Frage käme.

So kam der Morgen des 22. März. Die Nacht war ziemlich unruhig gewesen. Nun schien eine strahlende Frühlingssonne, und es herrschte eine fast unglaubliche Ruhe. Ich war bei meiner Familie, hatte mich endlich wieder einmal gründlich gewaschen, rasiert und gefrühstückt und stand im Garten, als der Batl.-Kommandeur wie ein Verhängnis nahte: Hier stehen Sie in aller Ruhe - und die Amerikaner sind da! Ich sagte: Unmöglich, doch nicht am hellen Tage! Aber er versicherte mir, sie seien von Wollendorf her nach Irlich hereingekommen und schon über den Wiedbach und auf der Feldkircher Straße; ich solle sofort den Abschnitt übernehmen, er werde anschließend sein Batail-

Truppen der 9. US-Panzer-Division bei einer Rast an der Deichkrone in Neuwied.

Soldaten der 2. Inf.-Division der 1. US-Armee beim Marsch durch Engers.

lon einsetzen. Ich fragte ihn etwas ironisch, womit ich denn eigentlich nach seiner Meinung Krieg führen sollte, etwa mit meinen Arbeitskommandos ohne Waffen - und er sei doch der Kriegsmann?! Er sagte, er werde mir Verstärkung usw. schicken und selbst herauskommen. Ich zog also meinen Rock an, schnallte Koppel und Pistole um und fuhr mit dem Rad durch die Stadt zur Feldkircher Straße. Dort lag in einem Haus eines meiner Wachkommandos. Vom Dachboden aus sah ich dann mit dem Wachhabenden durchs Glas die Amerikaner in hellen Scharen ganz gemütlich die Höhe über Irlich herunterkommen und von da zum Wiedbach, sie mußten wohl schon über den stehengebliebenen Steg im Rasselsteiner Hafen herüber sein.

Ich baute nun also meine paar Soldaten an der Feldkircher Straße in den Gärten auf, befahl ihnen aber, nur eben abzuwehren und nicht mehr zu tun, als nötig.

Am Nachmittag kam ein Melder vom Bezirkskommando mit einem Befehl für mich: Ich hätte sofort die Führung aller verfügbarer Kräfte in Neuwied zu übernehmen und den Gegner über den Wiedbach zurückzuwerfen! Das kam vom Generalkommando fernmündlich. Ich erwiderte: Verfügbare Kräfte seien nicht da und ohne schwere Waffen und eine Truppe könne ich keinen Krieg führen, der Melder könne das den Herrn in Wiesbaden oder sonstwo bestellen und meinetwegen den Spruch aus dem „Götz von Berlichingen" dazu.

Ich bekam dann die Mitteilung, daß Verstärkung und Waffen kommen würden. Sie kamen tatsächlich, eine Handvoll Artilleristen, Fahrer usw. unter Führung eines blutjungen Uff.-Anwärters mit zwei uralten MG 08/15. Meine Frage, wer denn mit den Maschinengewehren schießen könne, verneinten sie

alle. Darauf ließ ich die Waffen sprengen und die Munition in den Rhein werfen. In diesem Augenblick begannen die Amerikaner durch den Schloßpark anzugreifen. Wir erhielten Feuer aus Maschinenpistolen, gleichzeitig kam ein Melder des Batl.-Kommandeurs, er könne sich in Neuwied nicht mehr halten und müsse über Heddesdorf auf das Heimbacher Feld ausweichen. Der Melder war ein früherer Konfirmand meiner Gemeinde.

So blieben wir allein in Neuwied. Mein Entschluß stand fest. Ich befahl meinen Leuten auf den Marktplatz zurückzugehen (bzw. in den Keller der Zinzendorfschule). Dort erklärte ich ihnen, daß der Kampf um Neuwied zu Ende sei, daß ich es ablehnte, für die verlorene Sache noch irgendeinen Menschen zu opfern.

Ein ausführlicher Bericht von Pfarrer Hans Meyer erschien als Broschüre im Strüder-Verlag, Neuwied.

27. März: Ehrenbreitstein

Nach Wochen und Monaten der Angst und des Schreckens in den rechtsrheinischen Vororten von Koblenz, kam auch für Bendorf, Vallendar, Urbar und schließlich am 27. März für Ehrenbreitstein das Aus. Neuwied und große Teile des Westerwaldes waren schon fast eine Woche vorher besetzt worden.

Der Koblenzer Stadtarchivar Dr. Hans Bellinghausen schrieb in seinem Buch „2000 Jahre Koblenz" über das Kriegsende rechts des Rheins u. a.: „Nach ihrem Übergang über die Rheinbrücke bei Remagen und dem Übersetzen an zahlreichen anderen Stellen rückten die US-Einheiten durch das

Willi Lindner, Feldwebel bei der Koblenzer Brückenwachkompanie. Er sollte am 27. März 1945 Ehrenbreitstein verteidigen. Lindner (Jahrgang 1896), nach dem Kriege zeitweilig Präsident der Großen Koblenzer Karnevalsgesellschaft, streckte aber die Waffen vor den anrückenden Amis. Man muß heute – trotz der Tragik des damaligen Geschehens – noch schmunzeln, wenn man liest, daß er, die Sinnlosigkeit eines Widerstandes erkennend, mit 3 Unteroffizieren, 17 Soldaten, drei Panzerfäusten und zwei leichten Maschinengewehren aufgab. Polizeiinspektor Kirsch übergab dann Ehrenbreitstein den Amerikanern.

Rheintal und vor allem über den Westerwald in Richtung Limburg vor, wodurch der Koblenzer Raum abgeschnitten wurde. Nachdem in den frühen Morgenstunden des 27. März, einem Dienstag, ein einzelner motorisierter Spähtrupp, aus Richtung Horchheim kommend, sich in Ehrenbreitstein hatte sehen lassen, jedoch sofort wieder umgekehrt war, rollte kurze Zeit später der erste Stoßtrupp der 69. amerikanischen Infanterie-Division aus Richtung Urbar auf der Rheinstraße heran.

Die Verteidigung von Ehrenbreitstein sollte von einer Kompanie des Landes-Pionier-Regiments Nr. 12 durchgeführt werden. Oberfeldwebel Willi Lindner von der 9. Kompanie dieses Regiments, ein Koblenzer, allgemein bekannt als Mundartdichter und Karnevalist, hatte den Befehl, die Rheinstraße von Ehrenbreitstein nach Urbar mit drei Unteroffizieren, siebzehn Mann, drei Panzerfäusten und zwei leichten Maschinengewehren gegen die heranrückenden amerikanischen Divisionen zu sichern.

Sein Standort war am Fuß der Festung. Jeglicher Widerstand wäre sinnlos gewesen. Die Verteidiger ergaben sich dem ersten Stoßtrupp, der jedoch nicht weiter in Ehrenbreitstein eindrang. Erst am Nachmittag desselben Tages rückte von Arenberg her eine Kompanie gegen die Stadt vor. Gegen 14 Uhr erreichte ihre Spitze den Festungsbunker, der über viele Monate letzte Zuflucht für Tausende war. Hier übergab Polizeiinspektor Kirsch den Amerikanern diesen Stadtteil, worauf diese in der Schule eine Ortskommandantur einrichteten und die zwanzig deutschen Polizisten ihren Dienst weiterversehen ließen. Auch die Besetzung der Nachbarorte vollzog sich ohne größere Zwischenfälle. Die deutsche Besatzung der Rheinhöhen hatte sich zurückgezogen. Zurückgebliebene Soldaten gerieten in Gefangenschaft. Koblenz war mit seinen beiderseits des Rheins und der Mosel gelegenen Stadtteilen und Vororten nun ganz in der Hand der Amerikaner. Auch für die Bürger von Pfaffendorf und Horchheim gab es ein Aufatmen. Viele hatten im Horchheimer Eisenbahntunnel Schutz gefunden. Am 9. März wurden die Pfaffendorfer- und die Horchheimer Brücke gesprengt.

Auf der Festung Ehrenbreitstein wurde am 6. April das eigens zu diesem

Zwecke aus Washington herübergeflogene Sternenbanner gehißt, das dort schon nach dem Ersten Weltkrieg bis Januar 1923 geweht hatte.

In den letzten Märztagen begann schon der Rückstrom der vor den Bomben und Granaten geflohenen Bürger nach Koblenz. Im Mai und Juni kam der große Treck der Evakuierten aus Thüringen an. In Ehrenbreitstein stauten sich die Menschenmassen und warteten stundenlang auf eine Fährgelegenheit über den Strom oder auf die Freigabe der Pontonbrücke, die zunächst für amerikanisches, später für französisches Militär zur Verfügung stand. Alle Rheinbrücken von Remagen über Neuwied, Engers bis Horchheim und die drei Moselbrücken waren zerstört. Die 125 Jahre alte Schiffbrücke, einst mit ein Wahrzeichen von Koblenz, war auch bald nicht mehr für den Verkehr nutzbar.

Noch einmal Dr. Bellinghausen: „Vor den ausgebrannten, trostlosen Ruinen der Stadt spielten sich erschütternde Szenen ab. Die Koblenzer wühlten aus den Trümmern die Reste ihrer Habe, sie zogen von Haus zu Haus, um eine Unterkunft zu finden. Alle Eigentumsbegriffe waren verwischt, in der ersten Not war jeder sich selbst der Nächste. Zahlreiche ausländische Arbeiter, die meist aus den osteuropäischen Staaten stammten und während des Krieges zu Arbeiten in Industrie und Landwirtschaft dienstverpflichtet und zwangsdeportiert waren, rotteten sich zusammen und plagten die Bevölkerung. Die wenigen Polizeibeamten, die den deutschen Behörden zur Verfügung standen, waren meist ungeschulte Kräfte, unbewaffnet und praktisch machtlos. Es gab weder Gas noch elektrischen Strom, Wasserleitungen und Kanalisation waren zum größten Teil zerstört. Die Koblenzer Krankenhäuser, überfüllt mit Kranken und Verwundeten,

konnten niemanden mehr aufnehmen. Die Zufuhr von Lebensmitteln stockte. Hunger und Wohnungsnot machten sich allenthalben breit. Das typische Bild jener Zeit waren wohl die Menschenschlangen vor den Bäckereien, Metzgereien und Lebensmittelgeschäften. Die alleräußerste Not wurde durch die Einrichtung von Gemeinschaftsküchen, so im Katholischen Leseverein, behoben. Die Tagesration an Brot mußte zunächst auf 50 Gramm festgesetzt werden. Nachdem die ersten und drükkendsten Ausgabebeschränkungen aufgehoben waren, setzte die große Zeit des Hamsterns ein."

Endsturm an der Lahn

So tapfer und diszipliniert die deutschen Soldaten auch über Jahre hinweg kämpften, mehr und mehr von ihnen erkannten in der letzten Phase des Krieges die Sinnlosigkeit weiterer Einsatzes. So wurden gottlob diesseits und jenseits des Rheins keine großen Schlachten mehr geschlagen, wenngleich das Sterben noch weiter ging. In den letzten vier Tagen des März schlug der Krieg im Lahntal zwischen Bad Ems, Nassau und Diez noch einmal hart zu. Alle drei Städte wurden am 27. März besetzt. Über das Ende in Bad Ems schreibt Gerhard Heil u. a.:

Wohl erstmals in der Geschichte der Stadt, die mit Lazaretten vollbelegt war, heulten am 18. März 1945 Artilleriegranaten als bitterböse Grüße der bei Koblenz verlaufenden Front heran und schlugen so unglücklich ein, daß es gleich Tote und Verwundete gab. Von diesem Tag an hörte das „Störfeuer" nicht mehr auf, abgesehen von unregelmäßigen Feuerpausen. Erst der 27. März brachte mit der Einnahme der Stadt durch US-Truppen die Erlösung.

Nur noch Stümpfe der Kurparkbrücke in Bad Ems ragten nach der Sprengung durch deutsche Pioniere aus der Lahn.

Kurz nach dem Einrücken der Amerikaner in Bad Ems ließen sich Soldaten der 2. Batterie des 590. US-Feldartillerieregiments im Kurpark mit ihrer Haubitze vor dem Standbild Kaiser Wilhelms I. fotografieren. Viele Zeitungen in den USA veröffentlichten dieses Bild. Den Kaiser ließen die Soldaten übrigens auf seinem Podest stehen. Sein Standbild erlebte also ein anderes Schicksal als das am Deutschen Eck in Koblenz.

Von der Denzerheide her drangen Einheiten der 1. US-Armee vor, während von Braubach Verbände der 3. Armee heranrückten. Das Kuriosum trat ein, daß zwei Armeen an einem Ort die Verwaltungshoheit ausübten, zumal noch durch die Sprengung alle Lahnbrücken die Verbindung zwischen den rechts und links der Lahn gelegenen Stadtteilen völlig unterbrochen war.

Eine beklemmende Stimmung herrschte in den Tagen vor der Besetzung. Lazarette wurden geräumt, Splittergruppen der deutschen Wehrmacht bewegten sich zu Fuß und auf klapprigen Fahrzeugen durch die langgestreckte Stadt. Sprengkommandos machten grimmige Gesichter und ließen sich nicht überreden. Ein verrückt gewordener Zahlmeister befahl an der Versandhalle den Abtransport eines Lebensmitteldepots, auf das die Bevölkerung scharf war. Ein beladenes Schiff kam noch bis Geilnau. Bergleute mußten in die Grube einfahren und kamen dort beinahe jämmerlich um, als der Strom ausfiel und die elektrischen Pumpen stillstanden. Sofort schoß Thermalwasser in die Schächte, die sie eiligst über glitschige Notleitern verlassen konnten. Der Emser Bürgermeister erließ am 26. März einen Fluchtbefehl an die Bevölkerung, den aber nur ein paar Frauen befolgten. Er selbst flüchtete mit einigen Beamten, kam aber nicht mehr weit.

Der Schlußakt begann mit der rigorosen Sprengung aller Brücken. Versorgungsleitungen wurden zerrissen. Nun gab es in vielen Stadtbezirken kein Gas und kein Wasser mehr. Am 27. März gegen 10 Uhr pirschte eine Kette Soldaten der 69. amerikanischen Infanterie-Division vorsichtig die Römerstraße herauf, jeweils zwei rechts und links vom Bürgersteig. Der Mann in der Mitte trug ein Sprechfunkgerät und meldete seine Beobachtungen nach hinten. Am „Rheingold" übergab Ortskommandant Molitor die Stadt und bat um schonende Behandlung. In der Viktoria-Allee mußten alle Bewohner innerhalb einer Stunde ihre Wohnungen räumen. Das gleiche geschah u. a. in der Braubacher Straße.

„Gehen Sie in die Keller! Die Amis sind schon am Lahnsteiner Forsthaus!", das rief ein deutscher Feldwebel einigen Leuten auf dem „Spieß" zu. Er kam mit dem Motorrad von der Höhe. Da heulten schon die ersten Panzergranaten heran, trafen den Concordiaturm und den Uhrturm am Kurhaus. Am Bahnhof durchbrach der erste Panzer das Geländer und ratterte über den Bahndamm in die Bahnhofstraße. Zwölf Menschen, meist Frauen, kamen in der Alexanderstraße ums Leben. 40 Häuser wurden beschädigt. Die beiden US-Kommandanten links und rechts der Lahn setzten jeweils einen Bürgermeister ein. Auf dem „Spieß" wurde das Bürgermeisteramt im Bahnhofswartesaal eröffnet. Die amerikanische Besatzung blieb bis Anfang Juli und wurde dann durch die Franzosen abgelöst.

Schreckenstag in Nassau

H. Heinzmann berichtete über die letzten Wochen des Lahnstädtchens: Am Neujahrstag 1945 erfolgte der erste Bombenangriff. Zum zweitenmal fielen am 1. Februar Bomben. Während noch Rettungs- und Aufräumungsarbeiten im Gange waren, traf am 2. Februar der erste Großangriff die Altstadt von Nassau. Ganze Häuserfronten wurden vernichtet, die Straßen übersät mit Trümmern, acht Tage kein Licht, das Gaswerk fiel aus. 45 zweimotorige Bomber warfen in siebenmaligem Anflug 50-kg-Bomben, 200 schwere Bomben und

10 Luftminen, 4 Blindgänger blieben liegen. 42 Zivilisten und 75 Soldaten ließen bei diesem ersten Großangriff ihr Leben, 20 bis 30 wurden verwundet, etwa 500 obdachlos. Das Kurhaus, größtes Lazarett der Stadt, wurde vernichtend getroffen. Chefarzt Dr. Fleischmann, Assistenzärzte, Schwestern und im Bett liegende Schwerverwundete barg man tot aus den Trümmern. Außer dem Kurhaus wurden das Amtsgericht, einige Hotels und Gaststätten und 150 Wohnhäuser total zerstört. 50 weitere Häuser, dazu das Rathaus und das Schloß, wurden erheblich beschädigt. Ein Großteil der Bevölkerung mußte in die umliegenden Ortschaften evakuiert werden. In der Stadt blieben nur etwa 1500 Menschen.

Bei dem Angriff am 19. März (48 US-Bomber brausten in mehreren Wellen heran) wurden 86 Menschen getötet.

Pfarrer Adolf Schlosser befand sich damals im Haus „Lahnberg". „Ich sehe durchs Fernglas. Die Kirche steht noch, Gott sei Dank! Aber wie mag es im Innern aussehen? Ich blicke nach dem Pfarrhaus, in dem ich 20 Jahre gewohnt habe. Es steht noch. Doch die hohe Tanne im Vorgarten fehlt. Ich sehe das große Gasthaus „Zum Anker" nahe der Kettenbrücke nicht mehr. Noch weiß ich nicht, daß sein Besitzer, der Metzgermeister Karl Blank, mit seiner ganzen Familie (Vater, Mutter, Tochter, Schwester und Nichte) darin elend ums Leben gekommen ist. Die Molkerei steht noch, aber ich weiß nicht, daß ein Heizer und eine Büroangestellte darin verschüttet liegen. Ich weiß nicht, daß eine aus dem Keller der Molkerei flüchtende Mutter mit ihren drei Kindern unter den Trümmern begraben wurde und daß ihr Mann verzweifelt nach ihr sucht. Ich weiß nicht, was alles in Nassau vorgegangen ist. Ich blicke nach Norden. Am Berghang steht noch die Schule und - Gott sei Dank - auch der

„Keller", früher zur Union-Brauerei gehörig. Dort befand sich der mehrstöckige Bunker der Stadt. Hätte eine schwere Bombe ihn getroffen, dann wäre dort ein Massengrab entstanden. Denn er war dicht gedrängt voll Menschen, das wußte ich. Auch die Brücke ist erhalten, gottlob, denn es setzt nun eine Massenflucht aus Nassau ein. 80 % des Wohnraumes der Stadt fällt ja aus."

Über das große Unglück in dem Keller der Löwenbrauerei schreibt Pfarrer Schlosser: „Dieser Keller ist ein Ort des Todes. Er wurde von vielen aufgesucht, sobald die Sirene Alarm gab. Dieses Mal war er besonders voll. Und dieses Mal traf eine Bombe die Decke des Kellers, und von den schweren Mauern wurden viele Menschen begraben. Viele wurden eingeklemmt und starben unter lautem Stöhnen einen langsamen, schrecklichen Tod. Nur wenige vermochten sich zu retten. Sobald man konnte, drang man in den Keller ein, um die Toten und Verletzten zu bergen. Da lagen Großmutter, Mutter und Kind totgedrückt. Da fand man den Metzgermeister Hammerstein, der stundenlang um Hilfe gerufen hatte, ohne daß man ihn befreien konnte. Da lagen Bäckermeister Herbel, das Ehepaar Hehner und eine junge Frau mit ihrem Söhnchen (der andere Sohn konnte gerettet werden). Der Gastwirt Piscator lag da und noch viele andere. Es war ein großes, großes Herzeleid."

Über die Zerstörungen an den Straßen und Häusern liest man in der Pfarrchronik: „Sehr mitgenommen war die Windener Straße. Dort gähnten tiefe Trichter und starrten weite Lücken. Das, was noch stand, war kaum bewohnbar. Durch Volltreffer waren Häuser ganz vom Erdboden verschwunden. Es fehlte an Särgen. Sie wurden aus benachbarten Dörfern und Städten herbeigeschafft. Zur Nachtzeit wurden von abziehenden deutschen

Truppen trotz dringender Bitten um Schonung die Eisenbahnbrücke und die Kettenbrücke gesprengt. Auch die Bachbrücke und Bachstege verfielen der sinnlosen Zerstörung. - Vor der Besetzung gab es noch Kämpfe. Von Bergnassau wollte in den Vormittagsstunden des 27. März ein amerikanischer Panzer vordringen. Er wurde durch eine deutsche Einheit bekämpft, die am Hotel „Schöne Aussicht" Stellung bezogen hatte. Es entstand ein stundenlanger Feuerwechsel. Dabei wurde das Hotel in Brand geschossen."

Am 27. März gegen 18 Uhr überquerten Amerikaner, von Schweighausen kommend, mit Schlauchbooten die Lahn und besetzten Nassau bald in Gemeinschaft mit anderen Abteilungen, die von Ems und Hömberg, aber auch von Limburg her vorgedrungen waren. Auf Nassaus Friedhof ruht auch Generaloberst Alexander von Falkenhausen, im Krieg Befehlshaber der deutschen Truppen in Belgien. Er gehörte schon 1938 zu Kreisen jener Offiziere, die Hitler unschädlich machen wollten.

Das Lahntal war in den großen Zangenbewegungen nur ein unscheinbares Nebental, in dem die Truppen zur Sicherung sich an die Mittelpunkte der Umfassungsmanöver herantasteten. So kam es, daß amerikanische Truppen schon weit östlich standen, als sich einzelne Divisionen langsam durch das enge Tal und über die Höhen vorschoben.

In der Lahn-Zeitung stand Jahre später: 10 Straßenbrücken und 4 Eisenbahnbrücken waren es, die in jenen Tagen um den 24., 25. und 26. März 1945 im Unterlahnkreis in die Luft flogen. Da waren es die Straßenbrücken in Bad Ems, die Remybrücke, die Kaiserbrücke und die Bahnhofsbrücke, sowie die schmale Kurbrücke; vor dem alten Stadttor in Dausenau mußte die Brücke dran glauben, die beide Teile des Dorfes miteinander verband. In Nassau flog die Kettenbrücke in die Luft, die erst 1926 erbaut worden war, sowie die Eisenbahnbrücke über die Lahn. Flußaufwärts sprengte man in Obernhof auch gleich zwei Brücken, die Straßenbrücke und die Eisenbahnbrücke. Bei Laurenburg hatten die Pioniere nur einen Teil der Brücke, die das Dorf mit dem auf dem linken Flußufer gelegenen Bahnhof verband gesprengt. In Balduinstein war es die Fußgängerbrücke, die Balduinstein mit dem rechten Lahnufer und den Dörfern Geilnau, Langenscheid usw. verband. Auch hier wurde die Eisenbahnbrücke, die kurz vor Daubach über den Fluß führte, in die Luft „geblasen". Auf dieser Strecke bis Fachingen wurde auch die direkt am Bahnhof Fachingen liegende Flußbrücke gesprengt. Als in der Nacht zum 26. März die Diezer Brücken sanken, war auch der Stolz der Diezer, die erst wenige Jahre zuvor fertiggestellte neue Straßenbrücke dabei. Glücklicherweise verhinderte man die Sprengung der hohen Straßenübergänge der Bahn in Diez, die das Verkehrschaos der alten Grafenstadt noch größer gemacht hätte.

Wer gedacht hätte, daß die gesprengten Brücken die Amerikaner am weiteren Vordringen hinderten, der hatte sich getäuscht. Über die Trümmer der Brücken fanden sie ihren Weg auf das rechte Flußufer, falls sie nicht vom Einrich aus ins Tal hinabgestoßen waren. Schwimmpanzer überquerten mühelos den Fluß und übernahmen die Sicherung der vorgehenden Truppen, denen nur noch vereinzelt dort Widerstand geleistet wurde, wo man den vollständigen Zusammenbruch nicht wahr haben wollte.

Diez kampflos übergeben

Am 27. März wurde die Kreisstadt Diez von amerikanischen Truppen eingenommen. Einige weitsichtige Bürger, an ihrer Spitze Bürgermeister Baumann, fanden den Mut, entgegen der Parole, die Stadt „bis zum letzten Blutstropfen" zu verteidigen, sie dem überlegenen Feind kampflos zu übergeben. Dadurch wurde vermieden, daß Diez wie manche andere Stadt noch im letzten Augenblick des verlorenen Krieges in Trümmer ging. Immerhin wurden im Stadtbereich während des Krieges neun Häuser total zerstört, 80 stärker und 150 leichter beschädigt. Fünf Gebäude fielen allein an der Stadtgrenze nach Limburg dem Krieg zum Opfer.

Die Aufregung unter der Zivilbevölkerung war in den letzten Kriegstagen verständlicherweise groß. Die wildesten Gerüchte gingen um. Man wußte nicht, wie es weitergehen sollte, wann die „Befreier" die Stadt an der Lahn besetzt haben würden. Vom eigenen Widerstand war niemand mehr überzeugt, am allerwenigsten die vielen deutschen Landser, die sich in der Umgebung der Stadt, im Hain und den umliegenden Dörfern auf dem Rückzug befanden. Das störte jedoch nicht ein Wehrmacht-Standgericht, noch kurz vor Toresschluß in der „Sandkaut" vier deutsche Soldaten, angeblich Deserteure, zu erschießen. In der Nacht vom Sonntag zum Montag, 25./26. März 1945, wurden die Diezer Bürger durch gewaltige Detonationen aus unruhigem Schlaf geweckt. Am nächsten Morgen waren die Stadtteile Diez und Sachsenhausen voneinander getrennt - gewaltige Brocken lagen in der Lahn. Die Brücken waren weg.

Inzwischen waren amerikanische Panzer näher gekommen. Von der Birlenbacher Höhe und von jenseits der Lahn her richteten sie drohend ihre Rohre auf die wehrlose Stadt. Untätig saß der Volkssturm, mit italienischen Gewehren ausgerüstet, in die die deutsche Munition nicht paßte, im Hain. Es

war ein schicksalsschwerer Tag, dieser Montag. Viele bereicherten sich schnell noch „vor dem Untergang" auf den beiden Lahnschiffen, zu denen Notstege bis an das andere Ufer gelegt waren, mit Lebensmitteln, Tabakwaren, Schokolade und anderen in den letzten Kriegsjahren immer seltener gewordenen Genußmitteln. Ähnlich erging es einem Wehrmachtszug am Diezer Bahnhof und im Fachinger Tunnel, der von der Bevölkerung ausgeplündert wurde. Bei der Plünderung der Lahnschiffe fand übrigens ein Kind in den Fluten der Lahn den Tod.

Am Nachmittag erschienen US-Lastensegler in der Luft und später zischten Geschosse aus den Rohren von US-Panzern in die Stadt. Ein Haus an der alten Lahnbrücke wurde dabei völlig zerstört, andere, wie das Pfarrhaus St. Peter an der Aar, beschädigt. Der Pfarrer von St. Peter, Ströder, drei weitere Einwohner, eine Frau und ein Kind büßten bei der Beschießung ihr Leben ein. Dann polterten die amerikanischen Panzer durch die Straßen der Stadt. Schüsse fielen vereinzelt noch in Richtung Limburg. Die Übergabe von Diez an die Eroberer war schnell erledigt, die Polizei hatte schon vorher die Waffen niedergelegt. Deutsche Truppenverbände befanden sich nicht mehr in der Stadt. Panzersperren wurden beiseite geräumt und noch am selben Tag die Tore des Stalag und der Freiendiezer Strafanstalt geöffnet. Viele hundert Strafgefangene bevölkerten plötzlich die Kreisstadt und die umliegenden Ortschaften. Sie nahmen sich aus den Häusern der verängstigten Bevölkerung, was sie brauchten.

Lager Diez

Der „internationale Charakter" der rund 8000 Einwohner zählenden Kreisstadt Diez kam schon vor 1945, mitten in den Kriegsjahren, zur Geltung. Draußen am Rande der Stadt, halbwegs nach Limburg, hatte man 1939 ein großes Kriegsgefangenenlager in unmittelbarer Nähe der Freiendiezer Strafanstalt errichtet. Baracke reiht sich an Baracke, umgeben von einem kilometerlangen Stacheldrahtverhau, einem der markantesten Symbole jener Jahre der Unfreiheit.

Die ersten Lagerinsassen waren gefangene polnische Soldaten. Dann kamen Franzosen, Belgier, Luxemburger, Tschechen, Ungarn, Jugoslawen, Serben, Russen, Engländer, Amerikaner, Inder. Sie füllten das Lager bis zur letzten Ecke. Es war ein internationales Landserleben hinter Stacheldraht. Alle möglichen Sprachen schwirrten durcheinander, dazwischen die Befehle und Kommandos der deutschen Wachmannschaften. Von Jahr zu Jahr wurde die Verpflegung schlechter - und der Schwarzhandel besser.

Am 23. Dezember 1944 wurden hier bei einem Bombenangriff 80 amerikanische Offiziere getötet.

Die Stunde der Befreiung rückte näher. Im März „türmten" immer mehr deutsche Wachsoldaten, vor allem solche, die sich besonders durch Schikanen hervorgetan hatten. Andere blieben, übergaben ihre Waffen den Gefangenen und harrten der Stunde, da „der Spieß umgedreht" wurde. Viele hatten ein gutes Gewissen, wie beispielsweise ein Limburger Obsthändler, der als Landesschütze den Kriegsgefangenen immer wieder geholfen hatte und nach dem Einzug der Amerikaner als einer der ersten entlassen wurde.

Die Amerikaner befreiten ihre gefangenen Bundesgenossen, ebenso wie sie die Tore des benachbarten Strafgefängnisses öffneten. Und nun ergoß sich eine Meute ausgehungerter Ausländer, politischer und krimineller Häftlinge, auf die Bevölkerung der Kreisstadt Diez und ihrer Nachbarorte. Die aufgestaute Entbehrung brach sich in Plünderungen Bahn. Während die ehemaligen ausländischen Kriegsgefangenen ihre „Freiheit genossen", zogen müde deutsche Landser, zerlumpt und ohne Hoffnung, in das Lager ein. Sie waren auf der Flucht aufgegriffen worden oder hatten sich, müde des verlorenen Krieges, gefangennehmen lassen. Immer mehr wurden es, die hinter Stacheldraht einer ungewissen Zukunft entgegensahen.

30.000 bis 35.000 deutsche Soldaten wurden hier als Gefangene zusammengetrieben. Die meisten lagen im Freien. Die hygienischen und sanitären Verhältnisse waren unbeschreiblich. Noch schlimmer war der Hunger. Da war es die Bevölkerung von Diez, Freiendiez und der umliegenden Ortschaften, die trotz eigener Not die letzten Lebensmittel opferten, um in großen Kesseln den deutschen Soldaten Essen zu kochen.

Bis zum Sommer 1945 war der größte Teil von ihnen entlassen. Im Frühjahr erhielt das Stalag Diez-Freiendiez aber anderen Besuch: die Pg's, Mitglieder der nationalsozialistischen Deutschen Arbeiterpartei, NSDAP. Unter der Flagge als Internierungslager genoß es einen denkbar schlechten Ruf. Einige tausend „Politische", die in der NSDAP Funktionen ausgeübt hatten und zum Teil aus Idar-Oberstein verlegt worden waren, erlebten hier eine zweijährige Schreckenszeit unter einem berüchtigten Lagerkommandanten. Die Amerikaner hatten ihre politischen Häftlinge mit nach Darmstadt genommen, von wo aus einzelne wieder nach Diez zurückkamen. Es war auffallend, wie gut die Organisation der Verhaftungen klappte. Kaum waren die Zellenwarte, Kreisleiter, HJ- oder SA-Führer aus Kriegsgefangenschaft zurückgekehrt, als sie, noch bevor sie sich polizeilich gemeldet hatten, auch schon abgeholt wurden. Wer in dieser Zeit nicht „erfaßt" wurde, dem blühte später durch Denunziation „lieber Nachbarn" das gleiche Schicksal.

In diesen Zusammenhang seien die Folgen der Entnazifizierung erwähnt, die während der ersten Zeit zum Ausfall von Zehntausenden eingearbeiteter Fachkräfte führten. Die RZ berichtete 1955: Im Regierungsbezirk Pfalz gerieten 186.508 Personen, das sind rund 20 v. H. der Bevölkerung, in die Entnazifizierungsmühle. Schon nach einem Jahr waren 80.000 Fälle von Beamten und Angestellten durch die politische Säuberung erfaßt. In ganz Rheinland-Pfalz wurden 482.288 Personen durch die Entnazifizierungsorgane politisch überprüft, nicht gerechnet die Fälle, die vor Erlaß der Landesverordnung über die politische Säuberung vom 17. 4. 47 im Regierungsbezirk Trier entschieden wurden. Es darf also geschätzt werden, daß der für die Pfalz zutreffende - obengenannte - Prozentsatz auch für das ganze Land gültig ist. Vor Erlaß der erwähnten Landesverordnung vom April 1947 wurde über die Hälfte der Überprüften als vom Gesetz betroffen erklärt und mit Entlassungen oder anderen Sühnemaßnahmen bestraft.

Diez im Brennpunkt

Noch hatte das Stalag Diez (Strafgefangenenlager) seine Rolle nicht ausgespielt. Es blieb weiterhin Brennspiegel des Zeitgeschehens. Überall in der Bundesrepublik waren heimatlose Ausländer, sogenannte DP's (displaced persons oder Zwangsverschleppte), die der Krieg nach Deutschland gespült hatte. Die Heimat verschloß sich ihnen aus politischen oder mancherlei anderen Gründen. Alle diese Leute wurden von der IRO (Internationale Flücht-lingsorganisation) betreut. Sie unterhielt nunmehr das Diez-Freiendiezer Lager, in dem sich bald eine internationale Gesellschaft tummelte. Endlich 1952 war das Lager geräumt.

Tatsachen sprachen harte Worte

Der Zweite Weltkrieg gehört seit vierzig Jahren der Vergangenheit an. Er ist Geschichte geworden. Diese Serie hat versucht, sie auf regionaler Ebene im mittelrheinischen Raum, dokumentarisch darzustellen. Tatsachen sprachen ihre harten Worte. Sie machten die historischen Ereignisse sichtbar.

Für die Menschen im Regierungsbezirk Koblenz war der Krieg im März 1945 zu Ende. Die Truppen der Alliierten zogen weiter ins deutsche Reichsgebiet. Viele Soldaten und Zivilisten beider Seiten mußten noch sterben. Am 30. April machte Hitler in Berlin seinem Leben ein Ende. Die Feindseligkeiten wurden allgemein am 7. Mai eingestellt.

55 Millionen Menschen verloren in diesem Weltkrieg ihr Leben. Millionen traten Wege in die Gefangenschaft an, anfangs waren es Russen, Franzosen, Polen, Engländer, Amerikaner, zum Ende hin die Deutschen. Für 15 Millionen Männer und Frauen fremder Nationalität, die als Zwangsarbeiter im deutschen Reichsgebiet schuften mußten, begannen die Freiheitsglocken zu schlagen.

Zu spät läuteten sie für die jüdischen Menschen, die in den Gaskammern grausam endeten. Unwillkürlich werden bei dieser Feststellung jene Tage im Jahre 1942 in der Erinnerung wach, als jüdische Mitbürger aus dem Regierungsbezirk Koblenz den Weg in den Osten - angeblich in neugeschaffene jüdische Siedlungsgebiete - antreten mußten. Nach einer Liste der Gestapo (Geheime Staatspolizei) Koblenz, 1948 veröffentlicht durch die jüdische Kultusgemeinde Koblenz, wurden von März bis August 1942 allein vom Bahnhof Koblenz-Lützel 870 jüdische Mitmenschen aus dem Stadt- und Landkreis Koblenz „abtransportiert", wie man das im damligen Jargon nannte. Am 15. Juni 1942 wurden 342 alte und kranke Juden aus der Heil- und Pflegeanstalt Bendorf-Sayn „evakuiert". Mit Erschütterung liest man heute von jenem Geschehen in dem Buch „Dokumentation zur Geschichte der jüdischen Bevölkerung in Rheinland-Pfalz von 1800 bis 1945", herausgegeben von der Landesarchivverwaltung, und im Buch „Dokumente des Gedenkens", herausgegeben von Franz-Josef Heyen (Landesarchivverwaltung).

Trauern müssen wir als Deutsche auch um unsere Mitmenschen, die an den Fronten, in Lagern oder im Bombenhagel in der Heimat ihr Leben ließen oder die vermißt sind.

Die Tage und Wochen der Schlußphase des Krieges an Rhein und Mosel - in dieser Serie sachlich-nüchtern dargestellt - haben aufgezeigt, in welch hohem Maß die Menschen fähig sind, Not und Leid zu ertragen. Alle, die das Drama überlebten, können auf jene Jahre harter, gnadenloser Prüfungen in dem Gefühl zurückblicken, sie durchstanden zu haben.

Wenn jetzt aus Anlaß der vierzigjährigen Wiederkehr des Kriegsendes die Erlebnisse von damals mehr als sonst Gesprächsthemen sind, wird so mancher seine Gedanken zurückwandern lassen, darunter nicht nur der einstige Gefreite oder Feldwebel, auch der General, der glücklich aus Stalingrad nach Jahren des Darbens wieder ins Rhein-Mosel-Gebiet heimkehren konnte. Familienangehörige werden an

ihre Gefallenen denken, andere an den einstigen Koblenzer Regierungspräsidenten (1933 - 1936) Dr. Turner, der in Belgrad 1947 hingerichtet wurde. Für Adolf Galland, einen der erfolgreichsten Jagdflieger und ersten General der Jagdfliegerwaffe, sind aus den einst feindlichen Begegnungen im Luftkampf heute längst freundschaftliche Treffen geworden. Galland - er wird in diesen Wochen 73 Jahre alt - hat sein Domizil in Oberwinter, wo er berühmten Fliegerassen der westlichen Welt gerne Gastgeber ist.

Adolf Galland aus Oberwinter, hier im ersten Düsenjäger der Welt, der Me 262. Ein Exemplar fand er bei einem Nachkriegsbesuch in Australien. Aufmerksamer Gastgeber war Air-Commander Tonkin. (Foto aus dem Galland-Buch „Ein Fliegerleben in Krieg und Frieden".)

Nur zehn Tage älter als Galland ist die bekannte Testpilotin, Flugkapitän Hanna Reitsch. Man erinnert sich: Sie saß in den ersten Düsenjets (wie 1944/ 45 auch Galland), testete die V 1 und flog wenige Tage, bevor Berlin unterging, in einer tollkühnen Aktion zum schon unter sowjetischem Artilleriefeuer liegenden Reichskanzleibunker, um den Luftwaffengeneral von Greim zu Hitler zu bringen. 1978 holte sie sich den Frauen-Segelflug-Weltrekord (715-km-Strecke).

In einer Klosterzelle wollte sie 1947/48 ihre Memoiren schreiben. Sie kam auf das Kloster Maria Laach. Von Wehr, der kleinen Nachbargemeinde, knüpfte sie Kontakte zu den Mönchen. Abt Basilius Ebel ebnete Wege, um ihrem Wunsche gerecht zu werden. Sie konnte ihr Buch in einer Villa im Brohltal schreiben. In Bendorf war sie später im Hedwig-Dransfeld-Haus zu Gast.

Die menschlichen Tugenden, wie Mut und Tapferkeit selbst in aussichtslosen Situationen, sollten in diesem Bericht ihren gebührenden Stellenwert haben. Die Namen Galland und Reitsch stehen deshalb beispielgebend für zahllose andere Männer und Frauen.

Im Hinblick auf die Deutschen forderte der Franzose Charles de Gaulle, „die Erinnerung an den entfachten Mut und an erlittene Opfer zu bewahren..., denn wenn auch eine schlechte Politik zu Verbrechen und Unterdrückung

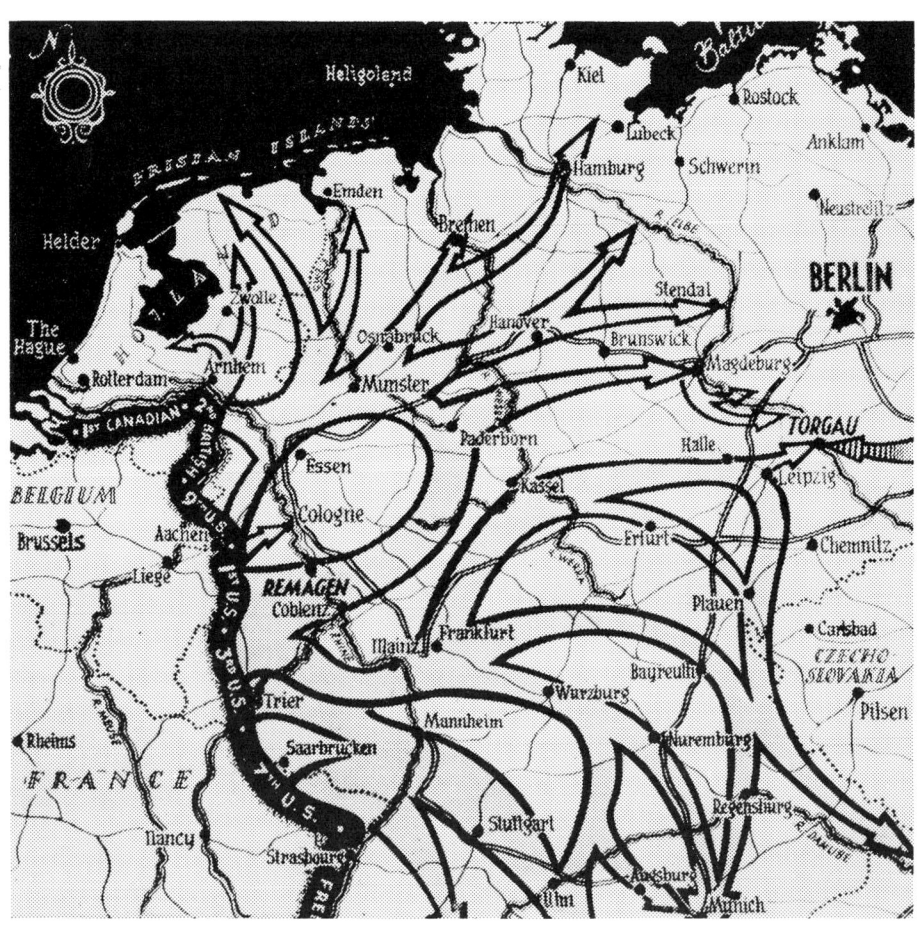

Fächerartig zogen die alliierten Verbände von der deutschen Westgrenze ab Ende Februar 1945 hinein ins Innere des Reiches.

führte, so gehört doch die Hochachtung, die sich die Tapferen entgegenbringen, zum sittlichen Erbe des Menschengeschlechts".

Zieht man ein Fazit nach all den geschilderten Ereignissen, so muß dieses heißen: Es darf nie mehr Krieg geben, vor allem nie mehr vom deutschen Boden aus. Es soll aber auch nie wieder Unfreiheit auf deutschem Boden siegen. Um dies zu verhindern, dafür steht der Friedensdienst mit und ohne Waffe gleichrangig nebeneinander, wie der Generaldekan der evangelischen Militärseelsorge in der Bundeswehr, Reinhard Gramm, erklärte. Er sieht, wie der weitaus größte Teil des Volkes, den Wehrdienst als Friedensdienst.

Seit 1945 haben wir Frieden in Mitteleuropa. Erfüllen wir ihn alle mit mehr moralischem Inhalt und bilden wir uns nicht ein, daß eine Nichtkriegszeit, in der wir immer noch leben, auch schon der wahre Friede sei.